社会图像丛书

公 共 参 与
——场域视野下的观察

戴 烽 著

商务印书馆
2010年·北京

图书在版编目(CIP)数据

公共参与:场域视野下的观察/戴烽著.—北京：商务印书馆,2010
（社会图像丛书）
ISBN 978-7-100-06958-8

Ⅰ.公… Ⅱ.戴… Ⅲ.公民—参与管理—研究 Ⅳ.D035.1

中国版本图书馆 CIP 数据核字(2010)第 022230 号

**所有权利保留。
未经许可,不得以任何方式使用。**

社会图像丛书
公 共 参 与
——场域视野下的观察
戴 烽 著

商 务 印 书 馆 出 版
（北京王府井大街36号 邮政编码 100710）
商 务 印 书 馆 发 行
北京瑞古冠中印刷厂印刷
ISBN 978-7-100-06958-8

| 2010 年 10 月第 1 版 | 开本 880×1230 1/32 |
| 2010 年 10 月北京第 1 次印刷 | 印张 8⅛ |

定价：20.00 元

目　录

前言 ··· i

第一章　导论 ·· 1
　第一节　奥运公共文明参与引发的思考 ······················· 1
　第二节　公共参与的概念及内涵 ································· 8
　第三节　公共参与的理论范式 ···································· 10
　第四节　影响公共参与的现实因素分析 ······················· 19
　　一、个人因素 ·· 19
　　二、社会环境因素 ··· 22
　第五节　公共参与研究的文化走向 ······························ 26

第二章　公共参与场域——解读公共参与问题的理论视角 ··· 31
　第一节　场域的基本概念 ··· 31
　　一、场域的概念 ··· 32
　　二、场域的特征 ··· 33
　　三、场域与资本 ··· 35
　　四、场域与惯习 ··· 37
　　五、实践是惯习、资本和场域相互作用的产物 ········· 40
　第二节　公共参与场域 ·· 41
　　一、公共参与及公共参与场域的基本含义 ················ 41
　　二、公共参与场域的结构 ··· 43
　　三、公共参与场域的运行逻辑 ·································· 48

第三节　公共参与研究的思路及框架 …………………… 48
第四节　研究设计 ……………………………………………… 51
　　一、调查总体与样本 …………………………………… 51
　　二、问卷的信度与效度 ………………………………… 55
　　三、问卷设计思路及问卷的演变 ……………………… 61
　　四、研究方法的选取 …………………………………… 63

第三章　家庭场域参与——封闭空间的责任取向参与 … 66
第一节　家庭场域及其性质 …………………………………… 66
　　一、家庭物理空间的封闭性 …………………………… 66
　　二、家庭心理空间的情感性 …………………………… 69
　　三、家庭行动空间的自利性 …………………………… 73
第二节　家庭场域公共参与的特点 …………………………… 75
　　一、家庭场域中总体参与水平较高 …………………… 75
　　二、公共卫生和公共秩序的干预性参与高于自觉性参与 … 76
第三节　影响家庭场域公共参与的因素 ……………………… 77
　　一、家庭公共卫生参与：父母教育、性别、婚姻影响 …… 78
　　二、家庭公共讨论参与：取决于家庭教育 …………… 79
　　三、家庭公共秩序参与：与情感性因素、工具性因素、印象管理
　　　　因素负相关 ………………………………………… 80
　　四、家庭公共合作参与：重在诚信 …………………… 82
第四节　相对封闭空间的责任取向参与 ……………………… 83
　　一、对家庭场域的公共事务具有较强的责任意识 …… 83
　　二、当个人利益和家庭整体利益具有一致性时，人们的责任意
　　　　识更强 ……………………………………………… 85
　　三、父母教育是影响人们家庭场域责任意识的重要因素 … 86
　　四、人们在家庭场域的责任意识显示出一定的自主性 … 87

第五节　小结 ……………………………………………… 88
第四章　社会场域参与——开放空间的道德取向参与 …………… 90
　　第一节　社会场域及其理性选择 ………………………………… 90
　　　一、社会物理空间的理性选择 ……………………………… 92
　　　二、社会心理空间的理性选择 ……………………………… 94
　　　三、社会行动空间的理性选择 ……………………………… 98
　　第二节　社会场域公共参与的特点 …………………………… 100
　　第三节　影响社会场域公共参与的因素 ……………………… 101
　　　一、社会公共卫生参与：家庭教育因素、惩罚性因素、道德感影
　　　　　响 ……………………………………………………… 102
　　　二、社会公共秩序参与：自我形象因素影响 …………… 104
　　　三、社会公共合作参与：诚信因素影响 ………………… 105
　　　四、社会公共讨论参与：从众心理及利益因素影响 …… 106
　　第四节　开放空间的道德取向参与 …………………………… 108
　　　一、社会公德影响公共卫生的自觉性参与 ……………… 109
　　　二、职业道德影响公共卫生的干预性参与 ……………… 109
　　第五节　小结 …………………………………………………… 114
第五章　社区场域参与——过渡空间的身份取向参与 ………… 115
　　第一节　社区场域及其性质 …………………………………… 115
　　　一、社区物理空间的过渡性 ……………………………… 116
　　　二、社区心理空间的过渡性 ……………………………… 123
　　　三、社区行动空间的过渡性 ……………………………… 128
　　第二节　社区场域公共参与的特点 …………………………… 130
　　　一、社区场域公共参与具有过渡性 ……………………… 130
　　　二、社区场域的自觉性参与高于干预性参与 …………… 131
　　第三节　影响社区场域公共参与的因素 ……………………… 132

一、社区公共卫生参与：父母的教育与道德感影响并重 …… 133
　　二、社区公共秩序参与：性别、年龄影响 …… 135
　　三、社区公共讨论参与：性别、年龄、邻里状况影响 …… 136
　　四、社区公共合作参与：情感影响 …… 138
　第四节　过渡空间的身份取向参与 …… 139
　第五节　小结 …… 143

第六章　家庭、社区、社会场域公共参与的比较分析 …… 145
　第一节　家庭、社区、社会场域公共参与的差异性 …… 145
　第二节　家庭、社区、社会场域公共参与的趋同性 …… 147
　　一、个体参与的趋同性 …… 147
　　二、参与逻辑的趋同性 …… 149
　　三、影响因素的趋同性 …… 149
　第三节　公共参与行为：场域与惯习的互构 …… 153
　　一、责任资本导致场域参与的差异性 …… 153
　　二、责任惯习导致场域参与的趋同性 …… 158
　　三、场域与惯习互构的公共参与行为 …… 168
　第四节　小结 …… 171

第七章　家文化与公共参与场域 …… 173
　第一节　家文化的内涵及表现形式 …… 174
　　一、家文化的内涵 …… 174
　　二、家文化的表现形式 …… 175
　第二节　家文化与公共参与场域 …… 179
　　一、家文化对公共参与的影响 …… 179
　　二、家文化对公共参与场域结构的影响 …… 187
　　三、家文化对个体公共参与惯习的影响 …… 190
　第三节　家文化的现代转向 …… 194

一、家庭领域意识转向公民社会领域意识 ……………………… 197
　　二、压抑自我的和谐意识转向自主的和谐意识 ……………… 198
　　三、等级性的权威意识转向平等的权威意识 ………………… 199
　　四、绝对的利他意识转向相对的利他意识 …………………… 200
　第四节　现代家文化视角下公共参与场域的构建 …………… 202
　　一、增加社区公民参与网络,提升社区参与功能 …………… 203
　　二、推进家文化转向,改善公共参与惯习 …………………… 206
余论 ……………………………………………………………………… 210
附录1　公共参与问卷调查 …………………………………………… 222
附录2　访谈提纲 ……………………………………………………… 232
参考文献 ………………………………………………………………… 234

前　言

　　2008年北京奥运将对中国产生深远的影响,市民良好的素质及积极的公共文明参与将有助于树立中国文化底蕴深厚、现代文明发达的现代化国家形象,然而当前人们的公共文明参与却不尽如人意,政府采取多种方法进行干预,试图提高市民的公共文明的参与程度,但效果甚微。是什么导致人们公共参与冷漠? 为什么政府试图提高人们公共参与程度的干预收效甚微? 影响公共参与的深层因素是什么? 这是本研究要解决的问题。

　　以往学者们对公共参与的解释,都不同程度地存在着将行为者与社会结构(文化)割裂开来的缺陷。或者偏重社会,或者偏重个人,忽视了将行为者与社会结构(文化)紧密联系在一起的可能,因而大大降低了公共参与的解释力。本研究用法国社会学家布迪厄场域—惯习理论作为分析框架研究市民的公共参与行为,克服了结构与能动、系统与行动者、集合体与个人之间进行二者择一的局限性,更好地发掘影响公共参与的深层因素,从而为社会管理提供理论基础,进而通过为社会管理提供有意义的政策性建议,提升公共参与,推动社会管理向善治转型。

　　本研究的主要内容分为四个部分:

　　第一部分是研究的准备,由导论和分析框架两部分组成。导论部分介绍了公共参与的概念及内涵、公共参与的现状、研究公共参与的理论范式以及影响公共参与的现实因素,并分析了公共参与研究的文化走向,在此基础上建立研究框架及研究设计。研究设计部分主要介绍了研究方法的选取、研究主体的确定、问卷设计的思路及演变、调查实施过程及有效样本的情况及样本的信度和效度。分析框架主要介绍了本课题的理论分析工具场域—惯习理论。

第二部分通过对家庭场域、社区场域和社会场域的公共参与的分析,阐述了不同公共参与场域中的公共参与状况。

由于场域中不同社会资本的影响,人们在不同公共参与场域中的参与取向有所不同:

家庭场域是一个对内开放、对外封闭的场域,人们在家庭场域中是责任取向的参与。人们对于家庭场域的公共事务具有较强的责任意识,并且这种责任意识显示出一定的自主性;当个人利益和家庭整体利益具有一致性时,人们的责任意识更强;父母教育是影响人们家庭场域责任意识的重要因素。

社区场域是家庭场域与社会场域之间的过渡场域,人们在社区场域的参与行为具有过渡性,是身份取向的参与。社区场域参与的身份取向表现为性别身份、熟人身份和权威身份的影响。社区场域公共参与的过渡性特征是因为亲疏身份影响,自觉性参与高于干预性参与是因为等级身份影响。

社会场域是一个完全开放的场域,人们在社会场域中是道德取向的参与。这种道德取向是自律性道德参与及特殊信任的道德参与。家庭教育是影响人们在社会场域公共参与的重要因素。

第三部分通过对家庭场域、社区场域、社会场域公共参与状况的相关性分析,指出家庭场域、社区场域、社会场域的公共参与既有差异性又有趋同性。

差异性表现在两个方面:第一是人们在家庭场域参与程度最高,社区场域其次,社会场域最低,也就是说人们在公共场域的参与是以家庭场域为中心,半径越长,参与程度越低;第二,人们在三大场域的参与取向有所差别,家庭场域是责任取向,社区场域是身份取向,社会场域是道德取向。家庭、社区、社会取向的变化,呈现出责任逐渐减弱、自由度逐渐增强的趋势。

趋同性主要表现在三个方面:第一是个体参与具有延伸性,即人们在家庭场域参与程度高,在社区场域参与和社会场域参与程度也高,这种趋势在每个参与项目中都表现出来;第二是参与逻辑的趋同性,人们在三大空间之间的参与在具体项目排序上呈现出高度的一致性,即公共卫生参与最高,公共合作参与最低,参与均值的排序都是公共卫生、公共秩序、公共讨论、公共合作;第三是个体归因的趋同性,即在四个项目的公共参与中,人们对三大场域的归因是趋于一致的,即虽然不同的归因项目在每个场域均值有差别,但每个项目的高低排序在三大场域中是一致的,即人们认为在家庭场域参与重要的项目,在社区场域重要,在社会场域也重要。

人们在三大场域参与的差异性是由责任资本导致的。家庭责任是家庭场域参与的重要资本,身份是社区场域参与的重要资本,道德是社会场域参与的重要资本。人们在三大场域参与的趋同性主要是由责任惯习导致的,在公共卫生参与场域表现为领域意识、在公共秩序参与场域表现为和谐意识、在公共讨论参与场域表现为权威意识;在公共合作参与场域表现为利他意识。

第四部分分析了家文化与公共参与场域的关系,指出影响公共参与场域的深层因素是家文化,家文化不仅影响公共参与场域的结构,同时影响个体公共参与惯习。现代家文化正朝着有利于公共参与的方向转变。因此,要在现代家文化视角下建构公共参与场域,必须增加社区公民参与网络,提升社区参与精神,并推进家文化转向,改善公共参与惯习。

本研究的启示主要有三个方面:第一,反思重塑家文化,弘扬其利于参与的积极因子;第二,重视家庭教育的作用,推动家庭道德的社会化;第三,社区文化建设是推进公共参与的重要途径。

本书在分析变量上,把文化的概念引入到公共参与研究,同时,借用布迪厄的场域理论对其公共参与行为进行分析和解释,解决了以往主客观二元对立的矛盾,增强了对公众参与的解释力;揭示了现代公众参与模式及影响公众参与行为的深层因素,有助于增进人们对日常生活公众参与行为的理解和认识,为修正和完善有关政策措施提供必要的认识基础,以推动社会管理向善治转型。

本书是在本人的博士论文的基础上修缮而成。感谢我的导师沙莲香教授。从选题到开题,从撰写到修改,从观点到逻辑,导师都层层把关,一一推敲。导师渊博的学识、敏捷的思维、深邃的思想、高尚的人格及谦和的态度是我人生道路上的灯塔。三年来,她在学业上的严格要求、在生活中的细致关怀,让我在压力和温暖中不断成长。她不仅是我学习上的导师,更是精神上的引领者。

感谢杨雅彬教授、林克雷教授、宋希仁教授、张家棠教授、单光鼐教授、陈崇山教授、张建明教授在论文开题和答辩中给予我的指导与鼓励。他们中肯的意见让我在论文修改中受益良多。感谢我的师兄刘奇伟、我的师姐姜磊、我的师弟黄崇铭、我的同事淦家辉在我的调研及写作期间给予我的巨大的支持。

我不知道永远有多远，但我知道，这份感激之心是永远的！这份感激是我心中的一盏明灯，将温暖照亮我今后所有的岁月，使我更有力量和自信去面对未来的艰辛。

戴　烽

2010 年 4 月 5 日于北京大学中关新园

第一章 导 论

第一节 奥运公共文明参与引发的思考

随着公民社会的兴起、公共领域的扩大，公共文明问题引起越来越多的关注，市民的公共文明的参与状况不仅关乎市民的个人素养，同时也是社会整体形象及市民生存环境的一项重要指标；并且，提升社会整体文明形象，创建良好的生存环境，不仅有赖于政府的动员与管理，更需要市民的参与和配合。

但目前市民的公共文明状况却令人失望，这在旅游活动中表现得尤为突出。旅游中，游客乱扔垃圾、随地吐痰、乱涂乱画、大声喧哗等现象比比皆是，人们不仅在本土境内旅游文明参与程度较低，并且会把种种不文明的行为带到境外，以至于在境外引起较大反响。在中国人出境游的主要目的地国——法国、德国、日本、泰国、新加坡等地一些公共场所出现的以简体中文标示的警示牌："中国人，便后请冲水"、"请安静"、"请不要随地吐痰"[①]……这在某种程度上表明中国人的公共文明水平与现代文明社会的要求还有一定的差距。

---

① 参见 http://view.news.qq.com/zt/2006/tourist/#,从身边不文明现象看中国人的素质。

2 公共参与

政府为了对公共领域中出现的种种不良现象进行管理,特别策划了排队日、让座日、招募环保志愿者等活动,试图引导市民的公共文明参与,这些活动产生了一定的成效。中国人民大学人文奥运研究中心发布的2007年北京市民公共行为文明指数及市民公共场所文明行为观测数据显示,2007年北京市民公共行为文明指数为73.38,比2006年的69.06提高4.32个分值,比2005年的65.21提高8.17个分值。① 这表明,北京市民公共文明参与整体水平呈持续上升趋势,但公共文明指数为73分,只属于中等偏上水平。这与北京作为国家首都、历史文化名城和现代化国际大都市的要求有较大差距。

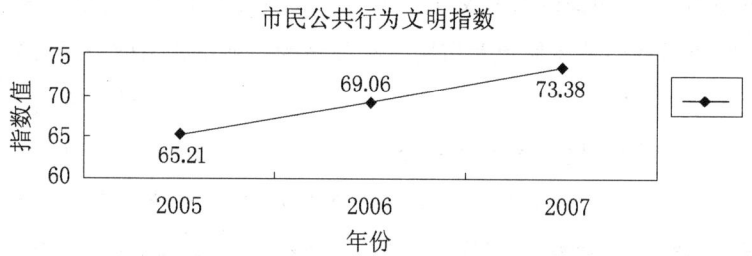

图1-1 北京市民公共行为文明指数

这个问题引起一些学者的关注。沙莲香教授主持了一项课题"人文奥运与市民素质研究",课题组在2005年与2006年连续两年对13394多名在京市民,以及1040多名在京居住两年以上外籍人士进行了问卷调查,以了解人们在日常生活中的公共文明的参与。调查结果显示,北京市民公共文明素养有所提高,但总体而言,北京市

---

① 参见http://www.stardaily.com.cn/view.asp?id=273895,市民公共文明素质持续上升。

民公共文明参与程度较低[①]。

市民素质与奥运参与期待低密切相关。沙莲香教授主持的另一项课题"对北京奥运会社会期待及社会心理研究",通过对有关公共参与的数据分析发现,在北京市民对奥运的四项期待(金牌期待、安全期待、素养期待、参与期待)值中,参与期待最低(图1-1)。

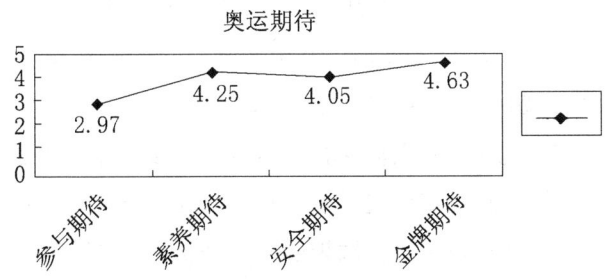

图1-2 北京市民奥运期待

魏娜教授通过问卷调查发现,有超过一半的北京市民对于社区事务及奥运相关活动参与积极性很高,但实际参与中,多数是老年人,年轻人参加社区事务的积极性较低。

社区参与研究的学者通过调查发现,从总体来看,我国城市居民公共参与状况有如下特点(岑颖、凌文铨、方俐洛,2003):

[①] 调查通过市民对城市文明规范的熟悉程度、奥运宣传的参与度及对文明示范行为的认同度及跟随行为考察人们的参与状况。结果表明,市民在上述五个项目的表现得分低于2.5(5级量表),这表明市民公共文明知识普及性差,市民缺乏主动参与公共文明宣传教育的意识。在自评中用四道题考察文明示范行为的意义及价值,结果表明,北京市民认可文明示范行为的价值,认为"文明礼仪示范体现市民的荣誉感,应该在北京市倡导这项活动"的得分均值为4.74,认为文明礼仪示范者应该受到全社会尊重的得分均值为4.76,认为自己会协助文明示范行为的得分均值为4.55,但认为对自己没有榜样效应,也否认文明示范行为对他人的榜样效应,认为自己不会跟随文明示范行为的得分均值为2.48。这说明,人们对文明示范行为的认同程度高,但参与程度低。

参与愿望较强，但实际参与率不高。根据中国青少年研究中心、共青团中央权益部课题组对全国10大城市、50个小区（其中40个混合型小区，10个单一型小区）进行调查的结果显示：有91.2%的居民表示愿意参与所在小区的建设活动，有85.8%的居民表示愿意参与所在小区建设与发展的有关决策，而实际参与过这种决策的居民只占35.3%。从广州市东山区党校课题组对东山区10条街居民参与小区活动情况的调查来看，有50%以上的居民希望参与，而实际参与某项活动的居民多在5%至10%之间。

参与方式被动多，主动少。虽然居民的参与愿望较强，但不少居民的参与观念仍受传统观念的影响，把小区建设视为政府、街道和居委会的事，依赖心理和领受意识强。大量的社会组织与所在小区之间存在疏离状态，缺少主动参与小区事务的责任感。思想观念与实际需要尚有不小差距，参与起来难免被动。

参与管道不畅。小区为居民提供了一个具有共同需要和共同目标的生存空间，既是生活共同体，又是利益共同体。在人们生活日益多样化的情况下，要求参与小区事务是必然的。据中国青少年研究中心、共青团中央权益部课题组调查显示，仅有23.7%的居民对参与小区管理的互动机制表示满意。居民参与小区管理的方式最主要是：向政府有关部门反映（46.1%），直接向小区管理机构反映（45.5%），往意见箱里投信（25.5%），向新闻媒体反映（23.9%）[1]。

上述社区参与的特点在其他学者的研究中也都有不同程度的反映。并且，除上述特点之外，一些学者通过深入研究发现，社区参与还呈现出如下一些趋势：

---

[1]《中国社会报》2006年7月6日第2版。

参与广度、深度有限。从内容上来说,对所有公共事务普遍参与的人不多。不同的人受自身环境、利益、性别、年龄、职业等条件的限制,参与公共事务程度有限。并且,由于公共事务的性质不同,人们的参与也表现出不同的特点。很多人仅仅热衷于参与和自己的利益相关的事情,与自己利益无涉的事情不愿参与其中;也有人只愿意参与自己感兴趣的公共事务,对大多数公共事务缺乏应有的热情。从层次上来说,人们对浅表层次的公共事务的参与热情相对较高,对较高层的公共事务则相对冷漠,或是需要动员才会介入。如许多人愿意参与到公共规则、公共决策的实施中去,却很少介入公共决策的讨论。所以,从总体上来说,人们公共参与的广度、深度有限(金太军、林莉,2006)。

参与缺乏连续性和互动性。公共参与过程没有形成一种"参与—反馈—再参与"的连续、互动机制,很多时候,人们的公共参与行为没有得到很好的反馈,而导致后续公共参与行为的终止。如对公共卫生的参与,有人把公共场所的垃圾捡走的同时,却有人继续扔垃圾,导致行为人认为自己的行为失去意义,因此失去了继续参与的热情。也有很多人对公共事务有偶发性的参与热情,但缺乏持久的参与动力(王国红,2006)。

公民参与的不平衡性。由于受公民自身教育程度、经济状况、公民精神以及社会文化等因素的影响,公民参与公共事务表现出极大的不平衡性。一般来说,教育程度高、经济状况好、社会地位高的公民参与意识较强,这部分公民可以称之为参与的强势群体;与之相对的则是弱势群体,一般都处于社会生活的最底层;在强势和弱势中间还有一个中间群体。弱势群体参与意识较低(周晓丽,2005)。

为什么市民的公共文明参与程度低?以往学者认为是文化导致

的。虽然人们普遍认为,中国文化是集体主义文化,中国人非常有集体精神。但中国的集体是指"小集体",集体精神、公共精神只惠及熟人圈,只限于君臣、父子、夫妇、兄弟、朋友"五伦"之内;对于"五伦"之外的陌生人,对于整个社会,对于公共事务,则缺乏"大爱"精神。传统文化同时又是一种个人主义的、自私的文化。"不在其位,不谋其政"、"个人自扫门前雪,莫管他人瓦上霜"都表达了人们对公共事务的态度。林语堂在《吾国吾民》中说:"中国人是一个个人主义的民族,他们心系各自的家庭,而不知有社会、民族,只顾防患家族的心理实即为扩大的自私心理。"(林语堂,2000:157)在这种文化熏陶下成长起来的一代又一代人,缺乏参与公共事务的热情。同时,传统文化也是一种使公民缺乏公共事务责任感的文化,如在封建专制的社会文化语境中,"溥天之下,莫非王土;率土之滨,莫非王臣。""江山"是皇上的私产,平民老百姓不必同时也无权去过问——没有所有权,自然也就没有责任,理所当然地让自己的私心泛滥。所以,对于公共的东西,人们常常不知珍惜,甚至竭尽毁坏之能事。鲁迅说过:"龙门的石佛大半肢体不全。图书馆中的书籍,插图须谨防撕去,凡公物或无主的东西倘难于移动,能够完全的不多。"(鲁迅,1973:125)19世纪,美国传教士通过在中国20多年的观察也发现了这一现象,"中国人不仅对属于'公众'的东西不感兴趣,而且防范不严,便唾手可得,很容易成为偷盗的目标。铺路的石头搬回家去了,城墙上的砖也一块一块的不见了"(史密斯,1996:95)。

　　中国文化是否真的是导致人们参与程度低的根源?文化在市民的公共参与中到底作用如何?这是笔者关心的问题。在调查中,北京市民的公共文明参与的如下几个特点引起笔者的关注:

　　公共文明参与的层面性差异。沙莲香教授用公共卫生、公共秩序、公共交往、公共观赏、公共参与五类公共行动考察人们的公共文明参与,数据分析表明,人们在不同的层面参与有差异。一年后所做的跟踪调查显示,公共文明指数数值在总体上提高了3分,但不同项目的提升呈现出不均衡状态,公共卫生和公共秩序各自提高了8分,其余公共交往、公共观赏、公共参与三项仅有小幅提升,这表明公共文明参与在这五个项目中是存在层面性差异的。

公共文明参与的理由化或情景性归因。在调查中我们发现,当个人利益和公共文明规则发生冲突的时候,当遵守文明规则所带来的个人损失(如事办不成、时间赶不上)大大超过了遵守规则的效应,个人就会突破规则表现出不文明行为。如对于闯红灯,人们的态度是"如果我没有急事我等,如果我有急事我穿行"、"如果其他人穿越马路,我也跟着做"、"要赶时间,觉得没有必要排队";在对进京建设者的调查中,也出现类似结果,如对于吐痰,人们认为可以理解并接受受情境制约下的吐痰行为。人们认为"吐在他人看不见的地方"、"吐在垃圾箱里"、"吐在较脏的地方"、"找垃圾箱,找不到时,就找较脏的地方丢弃"都是可以接受的文明方式。也就是说,在人们的认知中,遵守文明规则,不是无条件的,有理由或受情境制约下的不文明行为是可以接受的。这些现象,引发笔者的思考:

1. 什么造成公共参与水平偏低?为什么被动型公共参与多、主动型公共参与少?公共参与缺乏连续性和互动性等特点是怎么产生的?公共参与的层面性差异是由什么导致的?

2. 公共文明参与问题长期存在,即使在政府干预下也没有太大改善。人们的公共参与状态不易发生改变的深层因素是什么?

3. 为什么人们可以接受有理由或受情境制约的不文明方式?隐藏在这些理由和情境背后的因素是什么?

第二节 公共参与的概念及内涵

早期的公共参与以政治领域的参与为主,主要表现为选举等方式。进入 1880 年代,伴随着公共政策主体范围的扩大和公共管理客体的多样化,公民参与的范围和程度都有所增加。公民在民主实践中突破传统参与的范围,积极参与到社会公共事务的决策和管理中。在现有文献中,公共参与的概念很少被提及,用得比较多的是公民参与和公众参与。我们把公民参与和公众参与视为与公共参与同一性质的概念,通过整理发现,对于公共参与的定义,有不同的视角。

一般使用"公民参与"一词的都是从政治学角度来定义的,包括三种视角:公共政策视角、公民权利视角和参与效力视角。从公共政策视角来看,公民参与是公民或者社会成员参与政治活动或政策制定,并试图影响政治决定的行为。如 Garson 与 Williams 提出,公民参与是在方案的执行和管理方面,政府提供更多施政回馈的渠道以回应民意,并使民众能以更直接的方式参与公共事务,以及接触服务民众的公务机关的行动。陈庆云指出,公共参与就是在公共政策决策中,政府相关主体通过允许、鼓励利害相关人、普通公民及公民团体就政策所涉及的与其利益相关或者涉及公共利益的重大问题,以提供信息、表达意见、发表评论、阐述利益诉求等方式参与到公共政策决策中的过程(陈庆云,2002)。从公民权利视角来看,公民参与就是公民透过参与的行动所表现的公民资格、权利与义务,即公民参与行政。如参与理论的先驱 Sherry R. Ernestine 认为,公民参与是一种公民权力的运用,是一种权力的再分配,使目前在政治、经济等活动中无法掌握权力的公众,其意见在未来能有机会被列入考量。从参与效力视角来看,公民参与是指为了公共利益的实现、公民精神的追求和公民资格的实现,公民个人或公民团体对介入公共事务的行动,这些公共事务以不干涉公民个人自由为界限,以遵守现存的宪政制度为原则,以关系公民个人切身的地方性公共事务为基础,以全国性公共事务为补充(吴昕春,2002)。

使用"公众参与"一词一般是从公共管理的角度来定义的,认为公众参与是指社会成员自觉自愿地参加社会各种活动或事务管理的行动,是社会成员对公共管理中各种决策及其贯彻执行的参与,是对社会的民主管理。公众参与意味着社会成员对社会责任的分担和成果的共享,它使每一个成员都有机会向地方政府表达意见,都有机会为谋取社会共同利益而施展和贡献自己的才能,以维护自己的利益(王丽婷,2006)。目前关于公众参与的定义,除了从环境参与等社会公共事务的管理角度出发,也有从专门的公共项目的发展的角度来展开的,如黄海艳认为,公众参与就是通过利益相关群体的民主协商,通过群众积极参与决策过程和专家的辅助作用,使利益相关群体中的普通群众真正地拥有自我发展的选择权、参与决策权和受益权(黄海艳,2005)。

沙莲香教授把公共参与定义主要限定为对公共文明行为的参与,并且把公共参与分解为公共卫生参与、公共秩序参与、公共观赏参与、公共交往参与。也有学者把这些公共参与的概念分为广义和狭义两种视角,持狭义说的学者以公民参与的具体影响领域为视角,对公民参与进行界定;持广义说的学者认为公民参与涉及了整个政治生活,既包括对政治领导人的选择,也包括对政策过程的影响。

总体而言,公共参与、公民参与、公众参与,三者意思大致相同,但又有细微的差别。相同之处在于都是指对公共事务的参与,不同之处在于公众参与和公民参与更多地是从参与的主体进行界定,而公共参与在认同公民的主体资格的基础上,更多地是对参与范围进行界定。从对象上来看,公民参与和公众参与更多是指公民对特定的政治事件和公共管理事件的介入,而公共参与则渗透在生活世界的公共领域之中,不仅指公民对涉及自身利益活动的被动参与,更多地是指对涉及公共利益的活动的主动介入。

第三节 公共参与的理论范式

　　公共参与可以分为三类:一类是公共利益行为,即利己利他行为;一类是帮助他人行为,即利他不损己行为;一类是纯粹利他行为,即利他损己行为。公益行为、利他行为,人们通常称之为亲社会行为。解释亲社会行为等公共参与行为的理论范式主要有三大类:

　　生物学的解释范式。生物学的解释范式把人的公共参与、利他行为看成是人的生物本能。在1975年出版的《社会生物学:新的综合》中,爱德华·威尔逊提出了人的利他行为是先天决定的观点。这是他通过对蜜蜂、白蚁以及雄性狒狒研究,发现动物常常有增加自己的危险,甚至牺牲生命去帮助同类的利他行为。他进一步将动物的利他行为与人类的利他行为相比较,得出结论:人的利他主义行为是通过遗传得来的,是人类的本性,无须学习,在人类生存中起着重要作用。但他的观点没有得到普遍接受,有人认为他把利他行为归之于本能,忽视了人与动物的本质区别。

　　心理学的解释范式。心理学的解释范式把公共参与看成是人的心理活动的结果。社会交换理论认为,人们之所以会参与公益行为或者利他行为,是人们心理衡量的结果,认为公共参与可以使人获取物质利益或者心理的平衡。社会交换理论是美国心理学家霍夫曼在经济学的交换理论和心理学的行为原理的基础上提出来的,他认为人与人之间的关系实际上是交换关系,人们在交换中都是很理性的,在众多可能的交换行为中挑选能获得最大利润的交换行为,例如帮助别人,自己必须付出时间、精力等成本,如果这种行为完成之后得不到报酬,人们就不会去帮助他人。因此,助人行为就成了因期待将来得到社会承认或赞赏等利益而进行的手段性行为。社会交换理论把帮助行为看做和其他社会行为一样,是由对代价最小化和收益最大化的追求所驱动的。收益也可以是内部的。人们在违规之后,经常更愿意为他人提供帮助,显然是想通过这种方式来消除内疚感和保护自我形象。悲伤的人也倾向于做出帮助行为,想换取好的心情。霍夫曼的社会交换理论对于理解公共参与行为作出了一定贡献,但是他将人看成纯粹的经济人,忽视了文化及社会环境等的影响因素,就使他的理论带有很大的局限性。另外,公共参与行为者或利他行为者当时是否真如交换理论所说的那样进行一番算计,也令人怀疑。

公平理论则认为,人们在和他人的比较中产生不公平感觉,认为自己获取的报酬过高,应通过公共参与、通过利他行为消除不公平感觉。公平理论是1965年由美国心理学家亚当斯首先提出的。这一理论认为,每个人会不自觉地把自己投入的劳动和所得的报酬,与他人所投入的劳动和得到的报酬进行社会比较,也会把自己现在投入的劳动和所得报酬与过去投入的劳动和报酬相比较,比较的结果就会产生公平与不公平的感觉。自己和他人相等时,就产生公平感觉,但一个人通过比较认为自己的报酬过高或过低,就会产生不公平感。为了消除这种不公平感,通常试图通过重新分配报酬来恢复公平的感觉。特别是认为报酬过高的人,可能会给报酬低的人一些补偿。西方的一些资本家办的慈善机构,大概是出于这种动机。公平理论对于解释助人行为有其独到之处,但在现实生活中,所谓的感觉值如何确定,却难以把握。

社会交换理论和公平理论都是将利他行为看成是一种得失权衡的产物。社会交换理论强调人们总是倾向于选择那些得多失少且得之较易的行为;公平理论则强调人们在权衡自己的得失时是与他人进行比较的结果,而不是客观上得之多少或得之难易。

符号互动理论对人们公共行为的内在性和主观性作出解释,认为人们的公共参与是根据人们对特有的情境和理解,评估相关的利益得失,然后开展的特有的行为和互动,是人们先对环境作出解释,然后才作出反应。符号互动理论首先是芝加哥大学的心理学家乔治·米德提出的,他的《精神、自我和社会》(1934)是这一流派的经典著作。在米德看来,人的独特之处在于人能够运用符号。因为人能够运用符号,所以能够保存过去的经验和建立新的意义,同时也能憧憬未来及理想。米德把自我分为"主我"和"客我",人不仅运用符号与他人交往,也运用符号与自我交往。人对环境的适应不是像动物以"刺激—反应"的形式进行,而是首先对动物、环境进行解释,而后才作出积极反应。人类的行为不是外来力量和生物本能决定的;相反,在许多场合下是自愿行为。符号互动理论的基本原理概括为:(1)不同于低等动物,人被赋予了思考的能力;(2)这些能力通过社会互动而形成;(3)在社会互动中,人们通过学习意义和符号去锻炼他们特有的思考能力;(4)意义和符号使得人们可以开展他们特有的行为和互动;(5)根据对情境的理解,人们可以修改或者改变在行为和互动中能够使用的意义或符号;(6)人们可以修改这些符号,有一部分原因在于他们具有与自己互动的能力,这使得他们可以检验行为可能的来源、评估与他们相关的利益得失,然后选择其中之一。

在符号互动理论的基础上发展起来的社会角色理论则认为,人们的公共参与行为是人们为了适应自己在特定情境下的特别角色,为了符合他人的角色期待而进行的角色扮演。社会角色理论从这两个方面来解释社会:角色包括社会对处在一定位置上的个体的客观期望,以及与此期望相对应的道德个体在与他人互动中进行的主观表演。"角色——这是地位的动力层面,个体在社会中占有与他人地位相联系的一定地位,当个体根据他所处的地位而实现自己的权利和义务时,他就扮演了相应的角色。"(林顿,1936:113)这说明,社会通过赋予每一处在特定地位上的个体独特的角色期望,对他们的行为加以限制、规定和引导;而个体在与他人互动的过程中,对各种角色规范的学习又受到其所具有的生理、心理条件的影响,这使不同的个体在扮演同一角色时,行为方式都有一定的主观色彩。这个框架预设了社会先于个体,而个体通过社会化从自我中逐渐分离出一个外化的自我来顺应这个社会,结果这种顺应外化为符合他人期待的社会角色。米德从以实用主义精神为核心的人本主义立场出发,把社会现象的外在性统一于内在性,把社会生活的客观性统一于主观性,最终把一切归结为主观的心理过程。符号互动理论对社会行动的内在性和主观性的解释,使人们对社会行动的理解具有深刻性和具体性,但符号互动只是从个体心理的角度解释社会行为,把一切行为解释为个体的主观心理过程,忽视客观环境的影响,这又使其解释具有一定的局限性。

社会交换理论只注重权衡自我的利弊得失,不关注环境及他人;

公平理论开始关注他人情境,从与他人的比较中获取平衡;符号互动理论也是根据情境作出反应,但这里的情境主要也是指在与他人互动的过程中形成的他人情境,对社会情境涉及较少;而勒温的场理论则开始注意到环境的影响,他认为个人行为是个人与环境相作用的结果,而环境不仅包括客观环境,还包括人与人之间形成的群体氛围。勒温的场理论是群体动力学理论的基础。勒温所说的心理学的场有如下特征:(1)场是融主体与环境为一体的整体;(2)场是一个动力的整体,具有整体自身独有的特征;(3)场的整体性在于场内存在事实相互依存和相互作用的关系。勒温认为,人总是处在一定的"生活空间",这生活空间就是一个"心理场"。"场"是一个整体的概念,它可以是一个小组、一个班级、一所学校、一个工厂、一个社区等社会实体,但不是个别分子组成的整体,各个个别的分子在其中不断地发生作用,影响着环境的构成。他指出:"无论对个性的结构还是对现场的行为,其决定影响的都是个体所处的环境结构。在环境结构中间,现场的人与人之间的关系又居于这影响的前列。"(转引自 J. M. 索里、C. W. 特尔福德,1982:408)用场理论来解释公共参与,套用他的行为函数公式: $B = f(P, E)$,即人们的公共参与(B)是人(P)和环境(E)相互作用的结果。这里的环境是一个整体性的概念,不仅包括个体孕育、成长、成熟的客观环境,还包括人与人之间所形成的氛围。根据勒温的场理论,人们在公共领域的公共参与行为也极易受情境感染,所以,榜样的示范效应能产生较好的效果。

心理学的解释范式显示了人们在解释公共参与行动时,注重自我主观感受—自我感受、他人情境—自我感受、他人情境、社会情境的转向。但总体而言,心理学的解释范式中更强调人的主观感受,只是适当地考虑他人情境,而对客观情境因素考虑较少。

社会学的解释范式。社会学对社会行为解释主要可以分为理性选择和非理性选择。

帕累托提出非逻辑行为是一种非理性选择的研究范式。帕累托认为情感因素是支配人们社会行动的主要动力,人们对于各种清规戒律、道德规范和法律条文的情感体验积淀在人类的心理底层,成为影响行为的深层本能。这种本能并非进化论中的生物本能,而是产生于社会领域中。随着社会化过程而形成的社会本能,是社会文化、社会制度、社会规范的长期影响下的习惯性反应。根据帕累托的理论解释,人们的公共参与行为是一种在社会文化环境束缚下的社会本能行为,是人们对社会戒律和规范的感情依赖的行为表现,是一种不合理性的情感性行动。

但韦伯却认为人的社会行动并非感性行为,而是一种基于理性考量的工具性行动,是"涉及合理地考虑达到目的所使用的手段可能引起其他结果之间的关系,最后考虑各种可能的目的的相对重要性"(Weber,1947:117)。工具理性类型是对目的及达到目的的手段、后果都作出筹划、思考和选择而采取的社会行动;虽然韦伯将社会行动区分为工具型行动、价值型行动、传统型行动和情感型行动,但其价值理性只用于宗教文化领域分析,在社会和个人领域,却完全适用于工具理性。用工具理性解释公共参与行为,忽视价值理性,提倡公共行为的功利主义,易造成道德危机。虽然韦伯认为,在现实的处境下,完全由理性支配的社会行动是没有的,但其行为解释中以工具理性为主导的对社会行动的解释,是"从伦理的行动方向到纯粹功利主义行动方向的转向",这种转向可以理解为"动机的建立背离道德实践的价值领域"(Habermas Jurgen,1984:269)。这种工具理性的考量标准虽然涉及一定的文化价值判断,但以法国社会学家朱利安·弗洛恩德为代表的学者认为,工具理性只是对个体行动的微观层次的一种探讨,在一定程度上忽视了社会文化、社会环境及人的情感因素的影响。

帕森斯却较多地强调社会结构及社会文化对社会行动的影响,一定程度上忽略了人的主观选择。帕森斯认为:"在社会结构中,一种真正的行为动机整合只有依靠制度化了的价值的内化才会产生。"(Parson,1951:42)内化是社会层面的文化观念和价值取向被社会行动者认同,结合到自己的心理结构和行为模式中,亦即社会的文化模式和角色期望转化为人格系统。帕森斯用五种对应范畴来概括社会行动的模式变量:情感与情感中立、自我取向与集体取向、普遍主义与特殊主义、先赋与自致、专一性与扩散性。人们只能在社会行动的模式变量中进行选择,但并不能选择模式变量。也就是说人们的行为选择只能在文化中进行选择,这揭示了文化外在于行为的决定性作用。帕森斯从意志—环境两个维度来界定社会行为,并以此来界定社会系统。他的行动理论中的行为范畴,是社会体系的行为,是制度化的社会规范的控制;他的行为理论中的行为选择,是社会结构创造与决定的选择。根据帕森斯的理论,人们的公共参与行为并非自己的选择,而是社会结构和社会文化选择的结果,这在一定程度上忽视了人们的主观能动性。

社会规范理论是根据帕森斯的结构功能理论建立的。所谓社会规范论,是指人们的行为都是按照社会所赞许、提倡和肯定的规范准则来进行的,通过对这些规范进行学习并内化,使社会团体所赞许的、正式的或非正式形成的行为、态度、信念的模式成为人们行为的准则。个人必须服从这些规范,否则就会招致团体的排斥、社会的非难,从而遭受各种惩罚。在公共参与中,与公共参与行为有关的社会规范有社会责任规范、相互性规范、社会正义规范等。社会责任规范要求人们帮助那些需要他们帮助的人。贝克威茨等人提出,把这种社会责任规范内在化的人,即使没有外来的奖赏,看见别人有困难也会主动予以帮助。此时,由于责任感的实现,满足感和喜悦心情起到了内在酬赏的作用。因此,根据社会责任规范,是否帮助他人,大多取决于他人的命运在多大程度上有赖于自己的行动。相互性规范要求被助者有义务去帮助助人者,这实际上也是一种回报行为。社会正义规范表明人们应该按照其努力受奖,除非他们的行为应该受到惩罚。勒温1970年提出的"正义世界假设"是这个规范的基础。所谓正义规范假设,就是相信人们得到他们应该得到的,他们也值得得到他们应该得到的。如果有人侵犯了他人,给他人造成不该有的痛苦和损失,则他人应该得到补偿。

哈贝马斯的交往行为理论不同于韦伯在社会和个人行动领域完全放弃价值合理性,转换为目的合理性的分析。哈贝马斯认为无论是文化领域还是社会领域或者行动领域,它们既是一个认知的领域,也是一个伦理的领域,也就是说,伦理和认知同时贯穿于文化、社会、个人行动三个领域。哈贝马斯提出系统世界和生活世界作为交往行动理论分析框架的基础。系统世界是指社会运行的政治、经济系统过程,它遵循权利和金钱的逻辑,人们在系统世界里受这一逻辑的支配。生活世界包括文化、社会、人格三个方面,人们在生活世界中的行为是以相互理解为目的的交往行为,在交往行为中所达到的相互理解、协调互动和社会化促成文化的再生产、社会的整合和人格的形成。现代社会危机发生的根源之一就是系统世界日益侵蚀生活世界,追求金钱和权力的行为取代了以相互理解为目的的交往行为,结果是社会的整合、人格都出现了问题。因此,哈贝马斯主张重建"非政治化的公共领域",还主张使交往行为及其所遵循的原则扩展到系统世界的领域中去,使人们重新发现生活的意义和价值。用哈贝马斯的交往理性去解释公共参与,即在公共领域中,公共参与行为是基于人与人之间的相互理解、协调和互动,而不是为了争夺各自的利益。但哈贝马斯的交往行动理论也遭到批评,批评者认为在目前这样一个无论国家或个人都在争夺各自利益的社会,哈贝马斯所构造的只能是一种乌托邦。尽管现实尚未完全支持交往行为理论,但正如哈贝马斯所言:"一种理论观念的强大之处就在于,一旦越来越多的人认识到它的正确性,它就会顽强地存在于人们的意识之中,无论遇到障碍有多大,它总有一天会变成现实。"(章国锋,2004)强调交往的规范结构的主观性、先验性和普遍性的特点,这三个特点,使交往行动的规范结构具有结合主观和客观、经验和现实以及一般性或普遍性的特点,哈贝马斯的交往行为理论对于人们的社会行动具有较强的解释力。

在解释公共参与行为时,社会学的解释范式显示出两种趋势,一是向感性—理性和理性—感性交融的路径转向,一是向注重个体—注重结构和文化—注重结构、文化以及人与人之间的理解和互动转向。就总体而言,社会学的解释范式更注重社会文化因素的影响。

综上所述,生物学的解释范式注重人的生物本能,在现代公共参与解释中一般很少提及了,学者们对公共参与的解释较多适用的是心理学和社会学的解释范式。心理学的解释范式更注重个体、情境因素,即从微观的角度,用个体心理因素解释公共参与行为;而社会学的解释范式更注重社会文化因素的影响。从宏观的视角,用社会结构、社会文化诠释公共参与行为。

第四节 影响公共参与的现实因素分析

在心理学和社会学两种理论范式下,人们对公共参与的解释一般也从社会环境因素和个人因素两个方面进行剖析:

一、个人因素

在影响公共参与的实证分析中,许多学者都发现性别、年龄、受教育程度、居住时间长短及户籍等因素与公共参与相关。

性别因素。许多学者在研究公共参与时都提到性别因素的影响,特别是近年来对妇女公共参与进行实证研究呈上升之势。

杨善华、柳莉从日常生活的视角去关注农村妇女的公共参与,认为国家与农民对于村干部选举和村庄的公共事务有着不同的目标和考虑,在此背后实际上是"国家政治"和"村庄政治"的区分。农民对村庄政治关注的直接结果是使农民的日常交往行动带有很强的工具理性色彩,从而使村庄政治与农民的日常生活交融,出现"日常生活政治化"的现象。而且,恰恰是因为村庄政治的存在,农村妇女才可以像男村民一样,通过日常交往去参与村庄的公共事务并得到村落社区的承认和肯定(杨善华、柳莉,2005)。

刘晶岚系统研究了妇女在社区森林资源管理中的参与现状,影响农村妇女参与社区森林资源管理的社会、文化、政治和制度因素,森林资源管理中的主要利益相关者在妇女参与中的作用,妇女个人的教育背景和社会资本对妇女参与的影响。她发现,在社区森林管理中参与者主要是妇女精英,并且参与层面较低,被动型参与居多。她还发现农村妇女社区森林资源管理中的参与受到多重因素的限制和干预。在社会层面,父权社会结构强加给妇女的依附性性别角色定位、从夫居的家庭婚姻习俗、男主外女主内的性别分工、排斥女性的"户主议事制度"、歧视女性的村规民约等都影响了农村妇女的参与;在文化层面,传统的性别角色定位、男尊女卑的思想观念、大众传媒对女性的价值评判误区也影响妇女的参与;在政治和制度层面,影响妇女参与的主要因素有:妇女和主要利益之间的权力关系、公共政策中社会性别视野的缺失和决策者性别意识的缺失、妇女在村庄权力结构和决策管理机构中的边缘地位、妇女组织的弱化、农村妇女比较低的自组织程度和社区组织的机构能力。在个人方面,妇女的教育背景和社会资本,妇女获得和控制的资源、机会、信息和社会资本,妇女对参与的有效预期,妇女的主体意识、参与意识以及参与能力等也影响着妇女参与的范围和程度。这些因素从不同方面制约了农村妇女在社区森林资源管理中的有效参与(刘晶岚,2007)。

周燕选取杭州市德加社区和转塘若干社区为研究对象,通过问卷调查和访谈考察了目前城乡女性社区参与的实际情况。调查结果显示,由于社区治理结构、内容、参与者自身性别观念和个体素质等条件的不同,城市女性在社区参与的性别比例、意识、动机、方式和效果等要素的考察指标上,普遍高于农村女性,但某些指标上也存在例外。两社区女性在社区参与过程中都显示出了善于沟通、富于爱心、工作认真、作风清廉、受家庭支持等共同的优势,与此同时,深受保障性政策、传统家庭分工模式、父权制性别观念等带来的种种副作用的影响,女性社区参与体现的自主意识和自信程度相对有所欠缺,参与的途径方式较狭窄,精力也受到限制(周燕,2007)。

此外,还有学者指出,中国妇女公共参与主要有两大障碍,一为心理障碍(自卑心理、排斥心理、依附心理),二为素质障碍(传统角色分工、生产力发展水平、比例政治)。

职业及受教育程度。在公共参与的实证研究中,人们发现职业及受教育程度是一个较为重要的影响公共参与程度的变量。在北京市公共文明调查中,通过北京市常住居民与进京建设者的公共参与的比较发现,北京市常住居民与进京建设者在公共秩序、公共卫生、公共交往、公共观赏以及公共参与等方面有显著差异,其中公共秩序、公共卫生、公共交往、公共观赏四大类,北京市常住居民得分高于进京建设者,但在公共参与意识方面,后者略高于前者,并且进京建设者参与行为层面低于参与意识层面。进京建设者之所以参与程度低,主要原因在于对规则缺乏了解,并且缺乏市民身份的认同感(姜磊,2005)。同时,有学者通过调查揭示弱势群体如下岗工人、进城农民工公共参与程度较低,认为弱势群体公共参与冷漠的原因存在于两个方面:内因包括经济收入低、政治效能感弱、文化水平低;外因包括参与机制不健全、缺乏法律保障、传统臣民文化影响(金太军、林莉,2006)。还有学者通过对 W 市农民工为样本的农民工社区参与现状调查,发现农民工城市社区参与呈现出无序化、狭隘性、被动性和无组织的特征。城市社会对农民工的种种社会排斥是影响农民工社区参与的主要因素:第一,城市法律、制度和社会政策的排斥导致了农民工社区参与权利的缺失;第二,城市社会关系网络的排斥堵塞了农民工社区参与渠道;第三,社区市民群体心理的排斥加剧了农民工与城市社会的隔离。城市社会形成了一个对农民工的排斥系统,这个社会排斥系统使农民工社区参与权利被剥夺、参与渠道被堵塞、参与积极性被打消(姚华平,2007)。总之,学界普遍认为,教育程度低、经济状况差、社会地位差的弱势群体普遍参与意识和参与程度较低(周晓丽,2005;王金平,2007)。但也有学者的研究表明,学历和公共参与程度有时候是负相关,即学历越高,参与程度越低(余坤明、李丽丹,2006)。

年龄因素。不同年龄层次的居民呈现出不同的公共参与水平。一般而言,年纪较大者,参与水平较高。魏娜的研究表明,参与社区公共事务的多数是老年人,年轻人对社区公共事务的参与不足,参加社区事务的积极性较低(魏娜,2007)。

居住年限及户籍因素。在社区参与中,居住年限一般与社区参与呈正相关(余坤明、李丽丹,2005)。并且,本地户籍者公共参与程度一般要高于外来户籍者(余坤明、李丽丹,2005)。

二、社会环境因素

在现有的文献中,从社会环境的角度提及影响公共参与的因素,主要涉及如下几个方面的内容:

公共生活缺失因素。有学者从空间的角度探讨公共参与,认为充分的公共空间及其合理利用是推动公共参与的重要因素。现代人们公共参与程度低主要是因为缺乏公共空间,导致丰富多彩的公共生活难以展开(郭为桂,2005)。无论是从历史传统还是从近代社会现实来看,中国民众都不曾实际经历过"公共生活",缺乏现代性公共生活经验和"公共意识",也难以形成"公共性知识"、"公共性思维"以及"公共性人格"(刘林平,2002)。廖申白、孙春晨从伦理学的角度指出,人们之所以对公共生活参与程度较低,是因为传统中国,村舍生活既是私人交往生活又是公共生活,所有的社会联系都是以血缘和地缘为纽带发展起来的,因而不需要发展种种公共生活设置,所以没有发育的公共生活传统。要提高人们的公共参与程度,所求助的是由家庭的亲情伦理关系向外推展的"修齐治平"传统。这样就产生两种相反的倾向:一种是试图把家庭亲情推展至整个社会,从而把公共生活关系演化为某种准家庭关系的"大家庭伦理"倾向;另一种是在公共生活中排除对"一般他者"的考虑与关切的"非伦理"或"野蛮伦理"倾向。非伦理的排除性倾向在今天的一般公共生活中蔓延和流行,使现代公共生活中产生两大问题:一是承诺和契约的态度难以发展,由此产生无契约、无承诺、无规则的行为倾向问题,从而使公共生活的规则得不到尊重和遵守;与此相联系,排除性倾向在公共生活中产生的另一个问题是公共生活的私人化倾向,即情的伦理使人们倾向于把公共生活分为两个部分——一部分是没有"情"的联系的,另一部分则是公共生活与个人交往生活相重合的部分,是"情"的联系可以达到的,这往往使得一般公共生活规则实际上成了可以随意改变的东西,而且常常会由于给予这种特殊的关照而伤害另一部分不相识的人们的正常利益(廖申白、孙春晨,2005:102—105)。

公共参与网络因素。有学者从社会资本的角度探讨公共参与,认为公共参与是一种重要的社会资本,而这种社会资本的生产、维持和积累主要依赖于两大来源,即互利互惠的规范和公民参与网络,这是公民参与公共事务的重要保证(贺龙栋,2006)。公民参与网络与公共政策过程的有效运行存在着内在的逻辑关联,通过有效的制度设计和建构,促进公民参与网络社会资本存量的提高,可以形成公民参与网络和社会的良性互动(梁莹,2005)。许多学者都认为,单位意识阻碍了公共参与网络的发展。计划经济时期以"单位管理"为主,并辅之以"街居管理"的基层社会管理模式,是当时历史条件的必然产物。在社会转型期,计划经济条件下适用的"单位管理"及"街居管理"模式已不再适用,但人们的单位意识依然存在,社区管理意识和自我管理意识尚未建立,这是导致非单位社区居民公共参与程度低的重要原因。由于单位承揽了很多政治控制、社会管理、社会福利、社会保障和社会服务等政府与社会部门的职能,使得各种利益和资源都集中在政府及其附属单位中,社区基本上成为空壳。社会成员和居民在社区中既无重大利益需要追求和照顾,又很少有可以寄托和交流自己感情的社群组织(吕耀怀、杨璐,2007)。孙立平认为,除了"单位制"的原因之外,最根本的原因在于社区居民在社区中的"寄住性",由于居民与所居住的社区没有财产上的联系,缺乏所谓的"有恒产者有恒心"的感情联系机制(孙立平,2001)。实际参与率低、参与人群结构不合理的制度根源在于单位的资源垄断和居委会的行政化。激励居民积极参与社区事务的关键举措是彻底解构单位制,消解居民的单位意识,使其在社区和社会的公共事务中有更多的责任感和自主意识(张宝锋,2006)。

公共参与动员因素。有学者从公共行政的角度探讨影响公共参与的因素,认为公务人员对公众的动员力度是影响公共参与的重要因素,公共参与的动员旨在实现公众的广泛参与,促成社会各阶层、各利益集团的相互沟通,实现社会的良性秩序。可通过开放参与领域、鼓励公民结社等方式实现广泛的公共参与(李萍,2004)。在社会危机事件发生的时候,特别需要依靠社会动员的力量来推动公共参与。危机管理的有效运作需要社会力量的支持与配合。社会力量的动员和参与不仅可以提高政府的工作效率,而且还可以降低危机管理的成本,减少突发公共事件给社会造成的损失。因此,对于社会力量的动员和参与的研究已经成为现代危机管理研究领域的一个重要课题。

关于社区公共参与动员模式,有学者指出,不能片面注重参与率的动员目标,社区居民不是单位成员,不可能一呼百应,也不可能实现100%的参与。这种理想化的追求参与率不仅会忽视参与质量,也不利于有限动员资源充分发挥效益。因此,可以考虑降低社区动员的理想化预期,转而采用更加现实的态度,将全员动员模式转换为精英扶持模式。这种转换既有利于集中精力和资源提高动员质量,也可以通过扶持社区精英、培植热心社区公益事业的民间社区领袖,使他们不仅成为带动居民参与的模范,同时也是社区生活稳定的组织者(马西恒,2004)。

公民参与成本因素。在公共参与中,公民参与公共事务的成本是一个不可忽视的问题。事实上,市场经济的发展极大地引发了现代城市居民的利益本位意识,居民的传统性"社会人"色彩已经大为淡化,"理性人"角色趋于明显。这将使得居民的社区参与更多地考虑成本—收益问题(马西恒,2004)。有学者认为当公共资源出现"短缺"时,道德成本增高,不文明可能成为一种自然选择。如果把公共参与的结果作为一种经济学意义上的公共物品(相对于私人物品),对消费者来说,由于公共物品能够供许多人享用,并且供给它的成本与享用它的效果并不随享用它的人数规模的变化而变化,这样搭便车机会增多,从而导致社会公共领域机会主义的盛行,最终会使个人的理性导致集体的非理性,无法使集体利益的供给达到最优。因此,假定个人的付出会使整个社会受益,但却只能获得其行动收益的一个极小份额,即个人的付出与收益不成比例,收益被他人无偿地分享,这也会阻止"经济人"在公共领域的继续合作(杨光斌,2006)。政策制定者与政府人员必须认识到公民参与的成本代价是存在的,但我们不能因为关注公民参与的成本代价而忽略了公民参与的社会价值和社会效益(顾丽梅,2006)。

公共监督因素。 公共领域的扩展,意味着人们在陌生场合的交往增多,这就需要相应的规则,需要一种使公共生活秩序化并且提高个体行动的稳定性的伦理道德。传统社会中和"单位制"下伦理状况的井然有序与熟人社会中的强力监督有着密切的关系,因为在这两种社会结构里,人们的交际范围有限,重复互动的频率很高,相互的利益联结紧密,道德监督较为容易。随着社会结构的变迁,城乡社会流动的加速,人们交流范围的不断扩大,熟人社会转向陌生人社会,一次性交往的匿名效应使得道德监督大大弱化,而中国又缺乏西方社会的宗教传统,缺乏一个无所不能的上帝的无形监督,而伦理规则的控制又离不开有形的监督,一旦伦理实体松解,互动加强,情境消失,道德监督条件弱化,道德行为就会大打折扣。正如费孝通所说:"社会结构格局的差异引起不同的道德观念。"(费孝通,1998:68)从社会观点来看,道德是社会对个人行为的制裁力,使他们以合乎规定的形式行事,用以维持社会的生存和延续(林志斌,1998)。

社会资源因素。 有学者从社会资本的角度分析,认为公共参与程度低,是因为互惠、合作、网络等社会资本存量较低,导致人们的公共道德参与程度低。所以,有学者指出,当前公共参与程度低的主要原因是公德资源的先天不足。在传统的等级社会,道德关注的中心不是行为规范,而是人格和德性。道德的主要任务是造就品行高尚的君子,而不是使人们的行为普遍地合乎某些基本的行为规范(周秀芹,2006)。

第五节 公共参与研究的文化走向

有学者指出,从社区公共活动的参与模式看,由于市场经济的发展极大地引发了现代城市居民的利益本位意识,居民的传统性"社会人"色彩已经大为淡化,"理性人"角色趋于明显,社区公共以情感—文化认同为主的参与模式将转向以利益—文化认同为主的模式(马西恒,2006)。但总体而言,从现有文献分析可以看出,公共参与研究呈现出两大发展趋势:一方面是从被动参与向主动参与发展,另一方面是从片面强调经济(利益)因素的理论模型逐渐被偏重于文化、社会、心理的模型所取代。这种变化随着近年来公民社会的兴起,显得尤为突出。

美国人类学家莱斯利·怀特认为,"行为是文化的函数";梁漱溟认为,文化乃是"人类生活的样法";胡适指出,"文化是文明社会形成的生活的方式";克鲁克洪、马林诺夫斯基、梁启超都曾以不同的形式表述过文化对人们的行为和态度的决定作用。总体而言,文化对行为的作用表现在两个方面:一是规约作用,即个体在成长过程中接受文化规范,并在实践中逐步实践文化规范的过程,文化人类学家把这个过程称为"濡化";二是预见作用,在某个传统中成长和社会化的每个个人都学习了一套复杂的规则、规范和原理,这些东西都成为对他们行为的一般指导,使他们的行为能纳入人们期望的轨道,使社会行为带有模式和可预见性(顾建光,1998:51—54)。公共文明参与行为背后必然渗透着某种特定的文化心理关联,如认同、责任等,正如沙莲香教授指出,"参与是一种实践,但参与比实践另有特点:参与带有卷入性,卷入到另一些行动者集体中,卷入背后是维系群体一致性(或谓内聚力)的认同感;参与带有主意性,将期待、预设等主体意志贯穿于集体行为选择中,参与携带着集体责任。"(沙莲香,2007)

事实上,在跨文化研究中,有许多学者发现,由于文化背景不同,人们的公共参与行为也存在较大的差异,这种差异表现,在如下三个方面:(1)公共参与行为的差异。如普特南在分析意大利的公民参与时,发现意大利北部和意大利南部公民参与的巨大区别是基于互惠、信任和规范等亚文化因素的差异;阿尔蒙德也发现由于村民文化、臣民文化、公民文化的差别,导致美国、英国、墨西哥、意大利和西德的政治参与呈现出差别。(2)公共参与方式的差异。奥运期待的调查揭示,除比赛现场外,北京市民更愿意选择在自己家和朋友家观看赛事,更愿意与家人和朋友分享奥运的喜悦心情。这种公共参与的特点和西方人差别非常大。有关资料显示,西方人在观看奥运赛事时,大部分愿意选择酒吧类的公共场所,和朋友及陌生人一起分享。(3)对他人参与评价的差异。沙莲香公共文明参与的数据显示,在不同的文化背景下,人们对他人公共参与行为的评价也有差别。外国人对他人的公共文明参与评价高于中国人对他人的公共参与的评价①。

上述研究说明,文化背景是影响人们的公共参与的重要因素。家文化是中国传统文化的核心,至今依然拥有很强的生命力。谈及家文化对公共参与的影响,学界存在不同的看法。大部分学者认为家文化对公共参与的影响是消极的,主要表现为三个方面:一是表现为只有家族主义,而无公共精神,如陈独秀认为妨碍中国人"公共心"的不是"个人主义",而是"家族主义",他说:"我以为戕贼中国人公共心的不是个人主义,中国人底个人权利和社会公益,都作了家

---

① 中国人民大学人文奥运研究中心沙莲香教授主持的课题"人文奥运与市民素质研究",第三次调查是对1000多名在京居住两年以上外籍人士的社会问卷调查,采用的是他评方式,通过和北京市民的公共文明他评方式相比较,发现外国人的他评高于中国人自己的他评。

庭底牺牲品,'个人自扫门前雪,不管他人瓦上霜'这两句话描写中国人家族主义独盛,没有丝毫公共心,算是十足了"(金耀基,1992:24-35);二是只有家族生活,没有社团生活,如梁漱溟指出,中国人之所以缺乏社团生活,是因为"团体和家庭二者不相容"(梁漱溟,1987:67);三是只有集体主义,而无个人主义,如金耀基指出,"家和孝原本有伟大的理性意义,但由于过分地强调,终于养成一种强烈的家族意识,而陷害了'个人主义'和'社会精神'的发展"(金耀基,1999:14)。上述学者从公共精神、社团生活和个人主义等方面论述了家文化阻碍了中国人的公共参与。虽然鲜有学者提及家文化对公共参与的积极作用,但从学界的相关研究中,也可推论出家文化在如上三个方面也有其积极的面向,具体表现在:一是泛家族主义的公共精神,如杨中芳指出,中国的家庭制度是一个驯良中国人集体精神的最佳场所(杨中芳,1994:82);二是社团化的家族自治,如冯尔康指出,"家族本来就是具有自治因素的团体"、"家族在逐步用近代民主思想克服传统的宗法观念,尊重族人的独立人格,向近代社团方向演变"(冯尔康,2005:4);三是 Sampson(1985)提出的包容性个体主义,即把自我区域扩大到纳入其他人,如家人、朋友、同事或同社会的人,这种人仍以自己为中心,但其自我却包容了对其具有重要关系的他人,代表着一种以自己为出发点从而走向他人的精神。因此,我们可以看出,家文化也有推动公共参与的积极因素。虽然学界对家文化对公共参与是有积极影响还是消极影响存在不同的看法,但有一点是一致的,那就是都认可家文化是影响公共参与的重要变量。

综上所述,学界的研究,对公共参与的解释各有角度。总体而言,社会学的解释范式倾向于社会—文化取向,是机械论的结构主义的解释范式;心理学的解释范式倾向于个体—情境取向,是目的论的个人主义的解释范式;在具体分析影响公共参与的现实因素时,学者们要么注重个人主观因素的影响,要么注重社会文化环境等客观因素的影响。不管是理论范式还是现实因素的探寻,一定程度上都存在主客观二元对立的矛盾,影响了对公共参与的深入分析。法国社会学家布迪厄在对实践的解释问题上,明确反对机械论的结构主义和目的论的个人主义,反对在结构与能动、系统与行动者、集合体与个人之间二选一。因此,借助布迪厄的场域理论分析公共参与,可以克服将行为者与社会结构(文化)割裂开来的缺陷,消解主客观二元对立的矛盾,以更好地解释公共参与。

第二章 公共参与场域——解读公共参与问题的理论视角

恰当的研究工具是顺利探索对象的基础,它决定了结论的合理性与明晰性。为此,本书首先将阐述解读公共参与问题的理论工具——公共参与场域,它是一个解读公共参与问题的特殊视角和理论平台。借助布迪厄的场域概念,可以消解以往学者研究公共参与的二元对立,将结构与能动、系统与行动者、集合体与个人整合起来,更好地解释公共参与行为。

布迪厄认为实践理论研究的任务就是揭示在不同的社会实践中那些掩藏最深的社会结构,同时揭示那些确保这些社会结构得以再生产或转化的"机制"和"逻辑",为此,他提出了"场域"和"惯习"这两个概念。在他看来,只有真正理解了这两个概念,才能更好地揭示出社会结构得以再生产或转化的"机制"和"逻辑"。尽管布迪厄没有专门讨论公共参与问题,他也没有提出"公共参与场域"和"公共参与惯习"之类概念,但是按照他的实践理论,我们提出公共参与场域等概念是符合学术发展的规律和逻辑的。

第一节 场域的基本概念

公共参与是目前理论界研究的一个热点,也是我们日常生活中较为熟悉的一个词语。目前公共参与的研究主要是指政治参与,本书的公共参与主要指公共文明的参与。场域这个词是法国社会学家、哲学家布迪厄提出来的,他围绕场域这个概念衍生了一系列的理论,我们称之为场域理论。公共参与场域是本书的核心概念。

一、场域的概念

"场域"概念是布迪厄1975年在《科学场域的特殊性》一文中提出的。1991年,他在与华康德合著的《实践与反思》中对场域理论作了透彻的理论阐述,此后,他把场域作为一个克服个人与社会、主体与客体、经验主义与理性主义等二元对立的理论工具,并广泛运用于政治、经济、文化领域的分析。布迪厄把惯习、资本、位置、占位、轨迹等一系列概念引入场域研究,从而使得场域理论在社会科学领域得到了系统化和整体化,我们通常把这个理论称为"场域—惯习论"。

场域是"场域—惯习论"的核心概念,"一个场域可以被定义为在各种位置之间存在的客观关系的一个网络(network),或是一个构型(configuration)"(布迪厄、华康德,1998:134)。在这个定义中有三个主要概念,即网络、位置和构型。

网络是场域理论的最基本概念,场域首先表现为各种形式的社会网络,是场域中的社会行动者、团体机构、制度和规则等因素构建起来的社会网络。

位置不是指物理空间中的位置,而是关系网中的位置。如果说场域是一张社会之网,那么位置则是这张网上的各种网结。占据不同的位置,就会有不同的资源,从而发挥不同的作用。具体来说,位置有以下三层含义:(1)位置是客观的,它是场域中各种关系交织而成的网结,在人们的主观意愿和行为选择的关系中,位置起着客观前提和社会规定性的作用;(2)位置含有社会资源和权力资本,社会成员或社会团体因占有不同位置而获得社会资源和权力资本,他们只有获得某种社会资源和权力资本才能占有某种社会位置;(3)因为位置中含有资源和权力成为场域内矛盾冲突的焦点,在复杂的社会斗争中,位置处于持续的变易之中(刘少杰,2006:347)。

构型则是指场域有自身的结构和运动逻辑,各种进入场域中的关系和力量必须经过场域结构调整后才能发挥作用。

二、场域的特征

场域是"场域—惯习论"的核心概念。它主要表征一个相对独立的网络空间。场域具有如下重要特征:

第一,场域是一个相对独立的社会空间。场域不是物理空间,而是社会空间,它不但包括物理空间,而且包括该物理空间中的价值观与运行逻辑。随着社会分工的深入,社会不断地分化为各个不同的社会领域,这些领域具有相对的独立性,都有一套自己独特的价值观和运行逻辑。在这个意义上,场域类似于我们常说的领域,比如经济场域、政治场域、文化场域就对应于经济领域、政治领域和文化领域。场域的界限不是绝对清晰的,而是模糊不清的,所以它们是相对独立的。"场域的界限问题是一个非常难以回答的问题","尽管各种场域明显地具有各种或多或少已经制度化了的'进入壁垒'(barriers to entry)的标志,但他们很少会以一种司法限定的形式(如学术机构录取人员的最高限额——numerous clauses)出现"(布迪厄、华康德,1998:134),不过布迪厄最后还是给出了场域界限确定的原则:"场域的界限位于场域效果停止作用的地方。"(布迪厄、华康德,1998:

138)"效果停止作用地方"很难划定,因为各个场域有相互渗透性,比如政治场域往往被经济场域所渗透,所以经济场域中的一些逻辑会影响政治场域中主体的一些行为。相对独立性的另一个原因在于,任何一个场域都不是孤立存在的,它们相互作用和影响。比如经济场域对于文化场域的影响,权力场域作为一种元场域几乎影响着所有场域,当然它本身也受其他场域的作用。但是,场域并不等同于领域,它还蕴涵着更多意义。

第二,场域是一个充满冲突和竞争的空间。每个场域都有自己特有的资本,比如,在经济场域是经济资本、文化场域是文化资本,等等,位于场域中的各种主体都会为占有更多的资本而相互斗争,引发冲突。不同的场域有不同的竞争规则。

第三,场域是一个共时态与历时态相交融的空间。主体在场域中不同的位置以及由此而占有的资源不同,形成了共时态的差异。这种差异成为斗争和冲突的动力,不同的主体维持或颠覆场域,场域因而具有不确定性,矛盾成为推动场域不断变迁的动力,所有场域都是不断变动的,每次变动都使场域内的资源重新分配,而后斗争又继续,如此反复不已,从而使得场域呈现出历时态特征。

第四,场域是一个关系的网络空间。场域之所以能成为一个相对独立的空间,一个主要原因在于场域中布满各种关系束,这些关系束就像磁场中的磁力线一样作用于其中的主体。"场域是诸种客观力量被调整定型的一个体系(其方式很像磁场),是某种被赋予了特定引力的关系构型,这种引力被强加在所有进入该场域的客体和行动者身上。"(布迪厄、华康德,1998:17)布迪厄认为"现实的就是关系的",因此"根据场域概念进行思考就是从关系的角度进行思考"(布迪厄、华康德,1998:133)。可见,场域体现了布迪厄所一贯主张的关系性思维,这种思维方式恰好是对古希腊哲学至现代西方哲学结构主义实体性思维方式的一种颠覆和反叛。

三、场域与资本

布迪厄对资本下的定义是:"资本是积累的(以物质化的形式或'具体化的'、'肉身化的'形式)劳动,当这种劳动在私人性即排他性的基础上被行动者或行动小团体占有时,这种劳动就使得他们以物化的或活的劳动的形式占有社会资源。"(布迪厄、华康德,1998:189)布迪厄的资本概念有三个主要的特征:

1. **不是单纯经济意义上的资本**。在布迪厄早期的论述中,资本表现为三种基本类型,即经济资本(财产)、社会资本(主要表现为社会关系网络)与文化资本(尤其是教育资历)。在具体的研究中,布迪厄用得比较多而且影响也较为深远的是他对于文化资本的探讨。对于布迪厄而言,文化资本是作为经济资本的对立面提出来的,是指借助不同的教育行动传递的文化物品,它有三种存在形态:一是身体化的形态,体现在行动者身体和精神持久的性情倾向中;二是客观化的形态,表现为文化物品,如书籍、绘画、纪念碑、工具等;三是制度化的形态,表现为某些制度性的规定和规则,如学历认定、学术资格等。布迪厄认为,"社会资本是实际的或潜在的资源的集合体,那些资源是同对某种持久性的网络的占有密不可分的,这一网络是大家共同熟悉的、得到公认的,而且是一种体制化的网络。换句话说,这一网络是同某个团体的会员制相联系的,它从集体性拥有的资本的角度为每个会员提供支持,提供为他们赢得声望的'凭证',而对于声望则可以有各种各样的理解。"(布迪厄,1997:202)

2. **资本与权力是联系在一起的**。布迪厄的资本不仅是资源,更重要的是权力,是行动者凭借其在场域中发生作用的权力,也是行动者凭借它在场域中占据某种位置并因而可以支配场域的权力。布迪厄认为,一个人拥有的资本的量和类型决定了他在社会空间的位置,也就决定了他的权力。

3. **不同的资本类型可以相互转换**。经济资本是所有资本类型的根源,通过努力,资本的不同类型都可以从经济资本中得到,但不同的资本类型也存在不可比较性,因而不能将所有的资本类型都还原为经济资本,从而否认其他资本类型的特殊功效。

资本是场域争夺的原动力。在布迪厄看来,场域是一个争斗性的社会空间,这是由场域的构型特质决定的。"作为包含各种隐而未发的力量和正在活动的力量空间,场域同时又是一个争夺的空间,这些争夺旨在维持或变更场域中这些力量的构型。"(布迪厄、华康德,1998:139)场域作为由各种因素相互作用形成的关系网,其变化的动力形成于场域的各种因素——主要是各种资本的相互作用或矛盾冲突。布迪厄指出:"一个场域的动力学原则,就在于它的结构形式,同时还特别根源于场域中相互面对的各种特殊力量之间的距离、鸿沟和不对称关系。"(布迪厄、华康德,1998:133)所谓各种力量即含有各种特殊资源的各种场域的构成因素,亦即社会资本。也就是说,场域争夺的原动力是资本。

场域是社会资本存在的基础。只有在场域中才存在资本,资本也只有在场域中才能发挥支配力量。布迪厄指出:"只有在与一个场域的关系中,一种资本才得以存在并且发生作用。""进一步说,作为各种力量位置之间客观关系的结构,场域是这些位置的占领者(用集体或个人的方式)所寻求的各种策略的根本基础和引导力量。"(布迪厄、华康德,1998:133)

场域也依赖社会资本而存在。场域是关系网,只有凭借各种社会资本才能占据场域中的不同位置,才能形成不同位置之间的矛盾关系,场域这个关系网才存在。

四、场域与惯习

在布迪厄看来,与场域紧密相连的是另一重要范畴——惯习。惯习是一套性情倾向系统,也就是"知觉、评价和行动的分类图式构成的系统"(布迪厄、华康德,1998:171)。惯习属于人的心智结构的一部分,它来自于社会客观结构,是"一种社会化了的主观性"(布迪厄、华康德,1998:170),其功能是为主体提供"生成策略的原则,这种原则能使行动者应付各种未被预见、变动不居的情景……它通过将过去的一套经验结合在一起的方式,每时每刻都作为各种知觉、评判和行动的母体发挥其作用,从而有可能完成无限多样的任务"(布迪厄、华康德,1998:179);惯习是持久的,是一种被建构化的结构(structured structure),它类似于乔姆斯基的"深层结构",但是它又不是某种人类学意义上的不变因素(布迪厄、华康德,1998:19),而是一种建构中的结构(structuring structure)。这就是说,惯习具有历史性,是可变的,它是"在历史中建构的、植根于制度的并因而是一种作为社会性变量而自在的生成性母体"。因此,惯习是"持久存在而又可变更的性情倾向的一套系统"(布迪厄、华康德,1998:19),它"具有一定的稳定性,又可以置换"(布迪厄、华康德,1998:171);惯习既是社会的又是个体的,它"自身脱胎于一整套历史","来自于社会制度,又寄居于身体之中(或者说生物性的个体里)"(布迪厄、华康德,1998:168);基于此,布迪厄在批评人们用机械式的观念去认识"惯习"时说:"我说的是惯习(habitus),而不是习惯(habit),就是说是深刻存在在性情倾向系统中的、作为一种技艺(art)存在的生成性(即使不说是创造性的)能力,是完完全全从实践操持的意义上来讲的,尤其是把它看做是某种创造性艺术。"(布迪厄、华康德,1998:171)

总之,惯习是人们在长期的社会实践中所积累的一套应付各种环境挑战的经验,但它又不是一般的经验,而是具有较固定的结构,沉积于人们思维深处的、几乎能自动处理问题的经验,它类似于生物的条件反射。这种思维结构是社会经验在个体中的寄居,是客观化的主观性。它本质上类似于集体无意识,像大陆架一样隐藏于人类思维海洋的深层结构之中,在深层次上对我们的思维发生作用,而我们对它毫无觉察。惯习是持久性与可变性的辩证统一:"惯习不仅受到一定的社会轨迹的影响,而且也可以通过社会分析来加以转变,也就是说,通过意识的觉醒,或者多种形式的自我努力,个人可以对他的性情倾向施加影响。……这种自我分析的可能性和有效性,部分取决于所考察的惯习和原初结构,部分取决于自我意识觉醒所发生的客观条件。"(布迪厄、华康德,1998:307)这说明,惯习是可以改变的。

如上所述,场域是对结构主义的颠覆,而惯习是对个体心理主义和唯智主义的反叛,它们分别从客体和主体两方面弥合了个人与社会、宏观与微观、唯智主义与结构主义的断裂。二者之间又呈现如下关系:

制约关系。场域制约着个体的惯习。惯习是属于个人的心智系统,是一种深层结构,它规定了一个人的分类认知图式,决定着一个人的价值观。这些观念所构成的深层结构正是个体在特定场域中应付各种挑战而形成的经验结构。所以,"场域形塑着惯习,惯习成了某个场域(或一系列彼此交织的场域,它们彼此交隔或歧异的程度,正是惯习的内在分离甚至是土崩瓦解的根源)固有的属性体现在身体上的产物。"(布迪厄、华康德,1998:172)

互构关系。场域塑造惯习,惯习建构场域。"惯习有助于把场域构建成一个充满意义的世界,一个被赋予了感觉和价值,值得你去投入、去尽力的世界。"(布迪厄、华康德,1998:172)换句话说,惯习是我们理解场域并作出相应行动的前提条件,为我们认识和适应场域提供了深层的认知结构与思维方式。

契合关系。正是因为场域塑造了惯习的结构,本质上是使主观经验客观化,也就是主体将客观对象及其应对措施内化于自己的思维深层结构之中,因此,惯习既是主体的又是客体的,既是个体的又是集体的。当惯习遭遇到产生自己的场域时,就有一种"如鱼得水"的感觉,主体立刻就能自动做出"合情合理"的策略来处理各种问题。在这种情势下,"实践活动是言之成理、富有意义的(make sense),是合乎情理的,也就是说,是来自与场域固有趋向相适应的惯习的。"(布迪厄、华康德,1998:182)但当惯习与场域不契合时,即惯习遭遇陌生或部分陌生的场域时,主体依然会无意识地按自身的惯习解读和构建陌生的场域,并提供相应的策略,最终使主体的言行表现得不合时宜。不契合状态有两种类型:一是共时态不契合,即用一种场域的惯习建构另一种场域,比如当一个长期指挥军队的将军遭遇经济场域时,他往往会用军事惯习来建构经济场域,并不自觉地作出军事化的经济策略;另一个是历时态不契合,即时过境迁,场域发生了变化,但主体仍用旧时的惯习建构新的场域,并作出相应的策略。

五、实践是惯习、资本和场域相互作用的产物

场域、资本、惯习三个概念及其关系构成了布迪厄场域理论的基本框架。它的核心内容可以简短表述如下:"一个场域由附着于某种权利(或资本)形式的各种位置空间的一系列客观关系所构成,而惯习则由'积淀'于个人身体内的一系列历史的关系所构成,其形式是知觉、评判和行动的各种身心图式"(布迪厄、华康德,1998:189);社会是由不同的场域所构成的,每个场域都有自己特定的运行逻辑和资本,具有某种惯习的主体在场域中占有不同的位置,而这些位置拥有不同的资源,主体为争夺这些资源而斗争,这种斗争推动场域的发展或者解体;场域形塑着惯习,惯习构建着场域,它们是一种本体论的契合关系或者错位关系;拥有某种惯习的行为者在场域中占据不同的位置,形成了他的社会轨迹,这条轨迹是由场域的作用力和他自身的惯习所决定的。在《区隔》一书中,布迪厄提出了他的发生结构主义的公式{(惯习)(资本)} + 场域 = 实践。这就是说,实践乃是惯习、资本和场域相互作用的产物。从这一公式可以看出,无论是个人的实践还是群体的实践,都可以作为惯习和场域之间互动的结果而加以分析。惯习包含着对世界的认识和理解,但绝不仅仅是对这一世界的真实反映,它更是一种建构力量。因为世界是发展的,所以惯习也是不断变化的。布迪厄指出,惯习的变化是朝向试图与物质条件相妥协的方向的。作为对这些条件的感知,惯习不可避免地带有偏见。惯习作为性情,是在场域中的社会位置中获得的,是客观结构和个人史结合的产物。惯习又为实践提供了原则和规则,而实践在变化的客观条件中又能产生新的原则和规则,从而通过感知作用于惯习。这样,惯习就具有了一种调节性的建构能力,处在不断的

调整中。惯习的调整又是和资本密切相关的。资本是稀有的,是值得在某种特定的社会形式中去追求的。无论何种类型的资本,正是存在于场域中的资本,才使场域具有某种意义。资本存在于场域中,又与个体的惯习相整合,共同构筑着人们的实践。

第二节 公共参与场域

一、公共参与及公共参与场域的基本含义

本书对公共参与的界定,偏重于公共管理的角度,内涵及外延上借鉴沙莲香对公共参与的界定,主要聚焦在公民日常公共文明参与,在参与主体的界定上参照政治学中公民权利视角的公共参与定义,参与内容上渗透部分日常生活政治参与的内容,参与方式上揉进公民参与、公众参与的不同要素。

1. 公共参与的主体。在这里,参与的主体是指一切非政府的个体行为者或团体行为者。

2. 公共参与的范围。完全的公共参与往往存在于那些非政治、非意识形态的但又与人们的社会生活、生存有着直接影响和重大关系的问题的解决上。本书公共参与的范围就是日常生活事件的公共参与,具体来说包括公共卫生的参与、公共秩序的参与、公共合作参与、公共讨论的参与。主要是关于公共文明行为的参与,同时渗透着日常生活政治参与的部分内容。

3. 公共参与的方式。公共参与的方式有很多种,有物质形态的参与,有精神形态的参与;有意识形态的参与,也有行动层面的参与;有现实世界的参与,也有虚拟世界的参与。本书主要探讨物质形态

的、行动层面的、现实世界的公共参与。

因此,本书对公共参与的定义是:公共参与是指公民或社会成员对公共空间(包括家庭公共空间、社区、社会公共空间)中涉及他人利益或公共利益活动的分享及主动介入,是社会成员通过遵从或维护特定社会空间中的正规及非正规的规范,实现权利的分享和责任的分担。如果要把本研究的公共参与进行分类,可以分为三类:一类是公共利益行为,即利己利他行为;一类是帮助他人行为,即利他不损己行为;一类是纯粹利他行为,即利他损己行为。后两类行为,人们通常称之为亲社会行为。

场域是一个能对位于其中的主体产生某种作用的意义空间,这个主体是带有某种惯习的主体,我们把这样的主体称为行为人。场域实质上是一个网络体系,是一个具有相对独立性的、充满冲突和矛盾的社会空间。

据此,我们把公共参与场域定义为:公共参与场域是一个能对位于其中的行为人产生作用的公共空间,是行为人对其中的公共利益表现出一定的分享与主动介入的社会网络空间。公共参与场域既具有场域的共性,又具有自己的特性。

第一,公共参与场域是一个相对独立的空间。公共参与场域不同于布迪厄所研究过的经济场域、政治场域、艺术场域或者文化场域,这些场域在很大程度上与领域相对应,公共参与场域不与任何单个领域相对应,它是从各个领域中抽离出来的。但这并不影响它的相对独立性,因为公共参与场域有自己的独特的运行逻辑,对于公共领域的某种事物参与与否,虽然受其他场域的影响,但其他场域的要素,必须通过公共参与场域特定的逻辑"重新形塑"的过程,才能对行为人产生影响。

第二,公共参与场域主要是一种意义空间。当然,它与布迪厄所讨论的所有类型的场域都有所不同。布迪厄先后研究或提到了几种场域:学校场域、艺术场域、权力场域、经济场域、文学场域,等等,并认为权力场域是一种元场域,它影响其他一切场域。这些场域有共同点,即场域主要不是指一种物理的空间,而是一种意义空间。当然,物理空间是意义的发生地,所有人类的活动都在其中进行,但一个物理空间可以有无数种意义空间。所以,我们考察问题时,抽象出意义空间也是合理的。公共参与场域是从各种场域中抽象出来的,即只考察各种场域的共相——公共事务的参与,或者说考察每一个场域的行为人的公共参与方面。

第三,公共参与场域具有边界性。任何场域都有自己的边界,只是这种边界较模糊,其运行逻辑只有在边界内才具有意义。按布迪厄对于场域的定义,场域是由一系列关系束相互交织而成的。在不同的公共参与场域,行为人会表现出不同的公共参与程度,即不同的社会轨迹,这种轨迹是由场域和个体的惯习所决定的。

根据布迪厄的理论,整个社会可以看做一个大场域,公共场域是现代社会的一个相对独立的亚场域,公共参与场域则是公共场域中的一个亚场域。公共参与场域也由一系列的亚场域组成,从空间角度划分,可以分为家庭公共参与场域、社区公共参与场域、社会公共参与场域;从行为角度划分,可以分为公共卫生参与场域、公共秩序参与场域、公共合作参与场域、公共讨论参与场域等。

二、公共参与场域的结构

场域由一系列相互作用的关系束所构成,这些关系束就像磁场中的磁力线一样作用于位于场中的对象,这些关系束是以某种特殊的资本为中心的,正是这些关系束左右着主体,调整着主体对于资本的占有。可以说,资本正是所有关系束所指向的一个圆心,所有场域中的竞争、冲突均是围绕场域中的资本而展开的。所以,关系束和资本是构成公共参与场域的两大要素。公共参与场域的关系束体现为具体的公共规则、公共资本、公共惯习。

(一)公共规则

公共规则是公共参与场域的第一个构成要件。布迪厄认为"各种场域都是关系的系统",但关系"不是行动者之间互动的交互主体性关系,而是各种马克思所谓的'独立于个人意识和个人意志'而存在的客观关系"(布迪厄、华康德,1998:133)。也就是说,这些关系是一种结构化的客观关系。在公共参与场域中,首要的"关系系统"就是规则。公共规则是制约行为人的行为指向公共利益使其表现出相应公共意识的力线,这些规则分刚性规则和弹性规则两大类。

我们可以看到,在公共参与的场域中,各种有关调整指导公共行为的宗教、道德、文化其实都是潜规则,起着处理和调节人们关系的作用。宗教、文化、道德对行为主体没有强制作用,而是内化于人的灵魂,对人的行为产生潜移默化的影响。由于人们的背景、经历、素质不同,宗教、文化、道德这些力量束对不同的人影响力是不一样的,因此我们把这样的公共规则称之为弹性规则。

但要保证人们在公共场域中的行为指向公共利益,仅有弹性规则的约束还不够,还需要从外部对那些突破弹性规则界限的人加以强制规范,这就是刚性规则。刚性规则主要是以各种法律等制度的形势表现出来,具有一定的强制力。与弹性规则不同,它主要是一种强制的、外在的方式,通过威胁、警告和惩罚来规范行为人的行为。

这种规范通常以典章、制度、法律等明确形式加以固定和宣示,其界限和违反的后果都是事先规定了的,要求人们无条件遵守,违者将受到惩罚,对人们的行为有较强的威慑作用。

弹性规则和刚性规则是统一的。虽然两种规则的作用方式与表现形式不同,但实质是相通的:其一,二者具有同源性。人们在实践中逐渐认识到,在公共场域,从公共利益的角度出发,相互配合就能创造出更多的财富,营造更和谐的关系。人们关于公共利益的认识就以不同的方式反映到宗教、道德和文化中成为弹性规则,部分进一步升华为刚性规则。所以,不论是刚性规则还是弹性规则都是在实践中产生的。其二,二者具有同目的性。公共参与场域中的弹性规则是从内心对主体进行影响,刚性规则是从外部强制性规范主体,目的都是为了维护公共利益和公共和谐。刚性规则和弹性规则共同构成了公共参与场域的力线,公共参与场域就是一个布满诸多规则的网络,如果把弹性规则看成这个网络的经线的话,那么刚性规则就是这个网络的纬线。正是这些经纬力线共同作用于公共参与场域中的行为人,使他们表现出相应的公共利益倾向。

(二)公共资本

公共规则是在公共参与场域中作用于人们的一种束缚,但人们之所以愿意接受这种束缚是因为人们认为接受这种束缚可以给自己带来利益。根据经济人假定,人是有理性的,会理性地去追求自己的最大利益。人们之所以愿意进入公共参与场域、接受公共场域中的不同的关系束的束缚,是因为公共参与场域中还存在公共资本。

资本实质上是指能够给主体带来某种利益的东西,这种利益可以是物质利益,也可以是精神利益。每个场域都有其特殊的资本,这是这个场域的行为人所追求的对象。公共资本则是在公共参与场域的行为人追逐的对象,正是行为人对这种资本的追逐,使得公共参与场域成为一个充满竞争和冲突,然而也是一个充满活力的意义空间。

所谓公共资本指的是在公共参与场域中,由人们的公共参与意识和公共参与行为产生的一种重要的社会资本,公共资本既有资本的一般特征,又有自己的特殊性:

首先,公共资本是集体拥有的资本。公共资本是在公共场域中一种体制化的社会网络关系,它属于进入该场域中的任何人。它能使每一个进入其中的社会成员受益,但受益的程度则依每个人实践能力的大小而有所区别。

其次,公共资本是在人们的参与和认可中积累起来的。公共资本是潜在的,只有当行为人调动和利用时,它才能以某种资源和力量发挥作用。这种作用发挥后,又能增加公共资本,使公共资本具有积累性。并且,这种公共资本的增加是随着参与者的人数的增加和频次的增加而增加的。普特南的研究表明,意大利北部和南部执行同样的改革计划,发展差别大是由于北部和南部居民对公共事务参与的人数与频次不一样、积累下来的社会资本不一样导致的。

第三,公共资本具有可兑换性。既可以兑换成经济资本,因为人们遵守公共规则使社会利益最大化的同时,也可以给自己带来利益;也可以兑换为精神资本,因为遵守公共规则,形成的良好的社会和谐环境,可以使处于该环境中的人精神愉悦;还可以兑换成政治资本和文化资本等。公共资本在公共场域中能兑换的资本越多,人们的参与、认可和追求就越强烈。

(三)公共惯习

公共规则和公共资本构成完整的公共参与场域,代表着公共参与场域对人们行为的规定性和设定的利益,是行为主体的外部建构,但行为人的行为表现,除了与这些外部建构有关,还与其自身的内部建构有关,表现在公共参与场域中,则与行为人的公共惯习有关。

公共惯习是指行为人处理公共事务的一套"性情倾向系统"(布迪厄、华康德,1998:117),它是位于行为人思维深处的深层结构,由"知觉、评价和行为的分类图式"构成。公共惯习是人的心智结构的一部分,它来自于社会客观结构,是"一种社会化了的主观性"(布迪厄、华康德,1998:170)。公共惯习的功能是为行为人提供应对公共事务的策略和原则,"它通过将过去的一套经验结合在一起的方式,每时每刻都作为各种知觉、评判和行动的母体发挥其作用,从而有可能完成无限多样的任务。"(布迪厄、华康德,1998:19)

公共惯习具有如下特征:

个体性。公共惯习是针对公共事务表现出的"性情倾向系统",针对的事务是公共的,但惯习却不具有公共性,处在同一场域中的个体,由于性别、年龄、性格、气质、受教育程度、社会阅历等的不同,其公共惯习有较大不同。

稳定性。公共惯习是人们在长久的公共生活实践中形成的,一经形成,就具有相应的稳定性。这种稳定性不仅表现在人们在公共场域对同样的事务显示出同样的行为倾向,而且表现在遇到相似或是有关的公共事务,它就作为一种潜在的模式沉积在人们的深层思维结构中,作为一种策略的生成原则,对于人们处理公共事务起指导作用。

可变性。公共惯习并不是一成不变的,当场域发生变化时,惯习也会改变。社会处于不断的变化之中,公共参与场域自然也会发生变化。惯习与场域是契合性关系,当行为人从一个公共场域到另一个公共场域,原有的公共惯习和现实世界不适应,在屡次遭遇惩罚过后,行为人就会自觉不自觉地改变原有的公共惯习。

历史性。布迪厄认为惯习"自身脱胎于一整套历史"(布迪厄、华康德,1998:168),公共惯习其实也是行为人社会历史实践的反映,是社会实践关系在行为人思维结构中的印迹或者说映射。它是行为人的一种历史经验的积累,是一种深层结构,但又不仅仅是行为人个体的主观意识,在某种程度上反映了行为人所处的年代及地域的特点。

公共规则、公共资本、公共惯习共同构成公共参与场域,带着一定公共惯习的人在公共规则的作用下,去追求公共资本,这就是公共参与场域的现实状态。

三、公共参与场域的运行逻辑

每个场域要与其他场域保持一定的距离,就必须有自己独特的运行逻辑。经济场域是以经济利益至上为自己的运行逻辑,政治场域是以权力至上为自己的运行逻辑,公共参与场域则是以社会利益至上为自己的运行逻辑。这种逻辑的基本观点是,在公共参与场域,积极参与到社会公共事务中去,追求社会利益的同时,也是在追求自己的个人利益,尽管有时必须放弃一些个人利益。

第三节 公共参与研究的思路及框架

目前社会管理及公众参与理论几乎都是来自西方,对西方公共参与具有较强的解释力及指导作用,但并不能完全诠释中国文化模式对中国人公共参与行为的影响。因此,本书试图通过实证研究,挖掘影响公共参与的深层因素,并探讨公众参与社会管理的微观和宏观影响因素及其作用机理,试图找寻提升公众参与社会管理的有效路径。

本书打算从以下几个方面展开:从场域的角度,探讨人们在家庭、社区及社会空间的公共参与行为;从文化的角度,分析影响人们在不同的场域参与程度的深层文化机理;从场域与文化的互构的角度,探索中国传统文化如何影响公共参与场域,以及公众参与场域如何构建文化,并在此基础上,总结人们的公众参与模式;运用社区试验的方法来检验研究结果中的公众参与模式,考察其解释力,并进行必要的修正,以期更好地运用于社会管理实践。

本书建立在如下假设的基础上:

1. 公共参与行为具有模式分化及层级性的特点。本研究在行为上将公共参与划分为两种模式,即主动的自觉性参与与被动的干预性参与;在表现形式上将公共参与划分为两个层面,即处于表层的规范层面(包括公共卫生参与和公共秩序参与)以及处于底层的人际层面(包括公共合作参与和公共讨论参与)。

2. 中国人人际关系的差序性及文化特有稳定性,导致了不同场域中公众参与行为的差异性及趋同性。本研究从关系和文化角度来研究家庭、社区、社会场域中的公众参与行为,进而揭示惯习在场域中的作用。

3. 公共参与作为社会管理的主要表现形式,受场域性及中国特有文化模式的影响,其表现形式不同于西方公众参与。通过社区实验,甄别出有利于公众参与社会管理的主要因素,并通过对干扰因素的控制,建构有利于社会管理的新型公众参与模式。

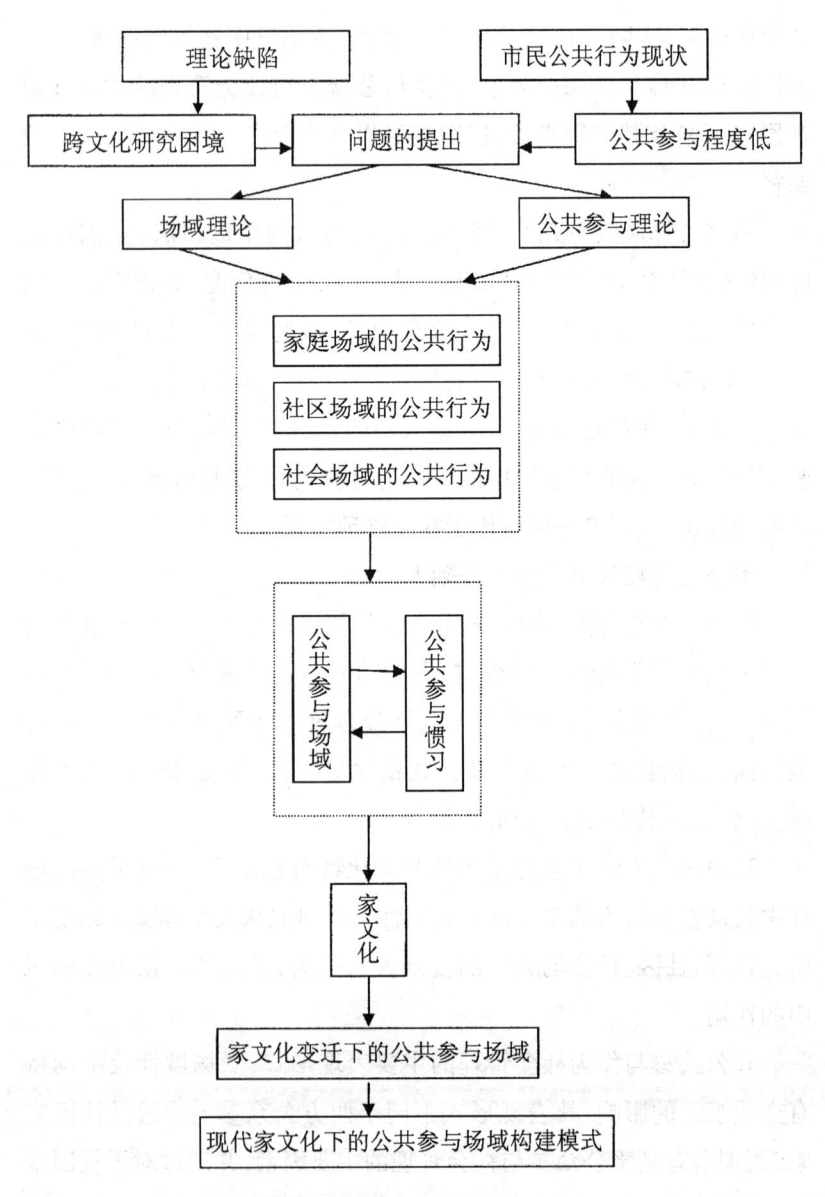

```
理论缺陷              市民公共行为现状
   ↓                       ↓
跨文化研究困境 → 问题的提出 ← 公共参与程度低
              ↙        ↘
          场域理论    公共参与理论
              ↘        ↙
        ┌─────────────────────┐
        │  家庭场域的公共行为   │
        │  社区场域的公共行为   │
        │  社会场域的公共行为   │
        └─────────────────────┘
                  ↓
        ┌─────────────────────┐
        │  公共参与场域 ⇄ 公共参与惯习 │
        └─────────────────────┘
                  ↓
                家文化
                  ↓
        家文化变迁下的公共参与场域
                  ↓
        现代家文化下的公共参与场域构建模式
```

场域视角下的公共参与研究框架

第四节 研究设计

一、调查总体与样本

(一) 调查总体与样本的选取

美国教育学家布鲁纳在《教育过程》一书中说,教师是教育过程中最直接的有象征意义的人物,是学生可以视为榜样并拿来同自己作比较的人。由于教师自身特定的职业特点及其所具备的整体素养,我们将江西省中小学骨干教师作为此次研究的调查总体。2007年8月,江西省组织中小学骨干教师进行师资培训,受训的骨干教师来自江西省南昌、抚州、上饶、新余、赣州、九江、宜春等,这些骨干教师被分配到26个师资培训班。我们从中选取江西师范大学及江西科技师范学院的培训班,对380名骨干教师进行问卷调查,回收问卷356份,其中有效问卷335份。回收率及有效率分别为94%和88%。

考虑到骨干教师与普通教师可能存在着一定的差异,我们在2007年9月对江西省新干县2676名中小学教师进样抽样调查。调查中我们采用PPS抽样,从37所中小学抽取四所中学和四所小学,在所选取的中小学中进行系统抽样,共发放问卷250份,回收235份,其中有效问卷215份。回收率94%,有效率86%。问卷调查中85%以上的有效率,超出了我们的预期,达到比较满意的效果。

我们本次调查的分析单位就是上述550个问卷回答者。

(二) 被调查者基本信息

除部分缺失数据外,填写了性别选项的有效样本中,男性教师

258人，占48.2%；女性教师277人，占51.8%。我们将被调查者的年龄分为四个组，年龄在20岁以下的126人，占23.5%；年龄在21—30岁之间的171人，占32%；年龄在31—40岁之间的154人，占28.8%；年龄在41—50岁之间的70人，占13.1%；年龄在51岁以上的14人，占2.6%。被调查的教师，学历主要是大专及本科学历，占有效样本的93.1%，具有一定的同质性。因此本研究中将不把教育程度作为主要的控制变量来加以考虑。被调查者的婚姻状况为单身99人，占有效样本的18.4%；已婚的被调查者为421人，占78.4%；离婚的被调查者为7人，占1.3%。在家庭人口结构中，独居的30人，占有效样本的5.6%；小家庭独居的有331人，而父母三代同住的则有142人。被调查者中虽以核心家居多，但是主干家庭的比例也达到26.4%。被调查教师工作地为城市的65人，县城的345人，农村的128人。其中小学教师209人，占38%。中学教师254人，占47.3%。职业技校的教师为66人，占12%。被调查者收入的状况如下，月收入在1000元以下的被调查者有198人，占有效样本的36.8%；月收入在1001—2000元的被调查为322人，占有效样本的59.9%；月收入在2001元以上的被调查者有18人，占有效样本的3.3%。中小学教师收入水平处于中等水平（表2-1）。

表2-1 被调查者基本信息

变量	变量属性	样本数（人）	比例（%）
性别	有效合计	535	100.0
	男	258	48.2
	女	277	51.8

(续表)

变量	变量属性	样本数(人)	比例(%)
年龄	有效合计	535	100.0
	16—20 岁	126	23.5
	21—30 岁	171	32.0
	31—40 岁	154	28.8
	41—50 岁	70	13.1
	51 岁以上	14	2.6
工作所在地	有效合计	538	100.0
	城市	65	12.1
	县城	345	64.1
	农村	128	23.8
学历	有效合计	538	100.0
	初中	1	0.2
	高中及中专	32	5.9
	大学专科	501	93.2
	研究生	4	0.7
婚姻状况	有效合计	537	100.0
	未婚	99	18.4
	初婚	421	78.4
	再婚	10	1.9
	离异	7	1.3
收入	有效合计	538	100.0
	1000 元以下	198	36.8
	1001—2000 元	322	59.9
	2001 元以上	18	3.3

(续表)

变量	变量属性	样本数(人)	比例(%)
当前居住的家庭人口数	有效合计	401	100.0
	1人	7	1.75
	2人	24	5.98
	3人	230	57.35
	4人	66	16.45
	5人	46	11.47
	6人	15	3.75
	7人	2	0.50
	8人	6	1.50
	9人	3	0.75
	10人	2	0.50

(三)被调查者居住社区状况

从被调查者的邻里状况来看,属于业缘关系、具有单位制色彩的社区占总数的20.36%,而属于熟悉人关系的社区则占48.55%,由陌生人构成的社区占28.36%。其中居住在高档住宅区的有5人,而居住在中档社区的人数最多,占有效样本数的55.45%。还有相当一部分居住在低档小区和农村社区,其百分比分别为35.45%和5.64%。在选择居住社区的因素中,被调查者最看重的是社区环境好,占有效样本的31.45%。这些社区环境因素包括小区设施齐全、绿化状况良好等,而交通便利也是选择居住社区的重要因素之一,有147人选择了该项,占有效样本的26.73%。被调查者考虑的其他因素还有邻里的职业及素养、治安状况和经济实惠等,有效百分比分别为12.73%、7.82%和1.82%。部分被调查者属于被动性选择的(如父母决定或单位分配住房、拆迁户等)这部分被调查者占总数的19.45%。

表2-2 被调查者居住社区状况

变量	变量属性	样本数(人)	比例(%)
选择社区最看重的因素	有效合计	550	100.00
	社区环境好	173	31.45
	交通便利	147	26.73
	治安状况	43	7.82
	邻里素养	70	12.73
	经济实惠	10	1.82
	被动性选择	107	19.45
社区档次	有效合计	536	100.00
	高档社区	5	0.94
	中档社区	305	56.90
	低档社区	195	36.38
	农村社区	31	5.78
	有效合计	535	100.00
	邻里多数是同事	112	29.15
	邻里多数是熟人	267	49.90
	邻里多数是陌生人	156	29.15

二、问卷的信度与效度

(一)问卷的信度

在实际研究中,我们经常需要借助量表来了解对象的某一特性。

本书中所用的公共参与量表是研究者自己编制进行测量的。对于研究者自己编制的量表,需要进行可靠性分析,也就是对问卷的信度进行分析。

信度是评价结果的前后一致性,信度通常被定义为:一组测量分数的真变异数与总变异数(实得变异数)的比率。信度测量的方法有很多种,大体可以分为重测信度、复本信度以及同质性信度等几种。

在本研究中我们采用同质性信度测量。同质性信度也叫内部一致性信度,它是指测验内部所有题目间的一致性程度。同质性信度基于的假设是:当一个测验具有较高的同质性信度时,说明测验主要测的是某一单个心理特质,由于众多的题目测试了同一心理特质,那么实测结果就是该特质水平的反映。本研究主要测量教师群体的公共参与水平,共设计27道题目进行测量,测量的题目较多,其客观性与真实水平之间具有较好的相关性。估计同质性信度的方法主要有:分半信度、库德—理查逊信度、克龙巴赫信度等,其中库德—理查逊信度(Kuder & Richardson reliability)主要用于测量二分记录题目,本研究采用五级量表,因此我们采用克龙巴赫 α 系数(Cronbach's alpha)对问卷进行信度分析。

克龙巴赫系数作为测量问卷内部一致性的信度指标,克服了分半法的缺点,是当前社会研究最常使用的信度指标。在我们设计的问卷中,27道题的克龙巴赫系数达到0.84。对一般基础性研究,该系数必须达到0.8才可以被接受。作为一项探索系研究,该系数要达到0.7。因此,我们设计的问卷具有较高的内部一致性,属于高信度问卷,是可以被接受的(表2-3)。

表2-3 信度统计

Cronbach's Alpha	N of Items
0.841	27

Case Processing Summary

		N	%
Cases	Valid	451	82.0
	Excluded(a)	99	18.0
	Total	550	100.0

a Listwise deletion based on all variables in the procedure.

(二)问卷的效度分析

常见的用于问卷效度分析的方法主要包括内容效度和构造效度。内容效度是属于主观评价指标,即专家对某一量表能够测度所衡量的事物的认可程度。另一种方法是构念效度,Kerlinger 提出了三类检验建构效度的方法:相关系数法、因子分析法以及其他相关方法。在这里我们主要采用第一种方法,即计算各题目与总分之间的相关系数,并以此作为检验问卷构念效度的指标。通过检验我们发现,公共参与中设计的27道题目中有26道题目与总分的相关系数显著,我们剔除相关系数不显著的题目第16题("当社区与个人利益发生冲突时,我会牺牲社区利益"),这道题目与总分相关之所以不显著,可能是因为该题属于负向评分,其他题目多为正向评分,填答者在问卷填写过程中可能存在一定的过失性误差(表2-4)。

表 2-4 效度分析

题号		
1	Pearson Correlation Sig. (2-tailed) N	0.378** 0.000 453
2	Pearson Correlation Sig. (2-tailed) N	0.332** 0.000 453
3	Pearson Correlation Sig. (2-tailed) N	0.310** 0.000 453
4	Pearson Correlation Sig. (2-tailed) N	0.253** 0.000 453
5	Pearson Correlation Sig. (2-tailed) N	0.200** 0.000 453
6	Pearson Correlation Sig. (2-tailed) N	0.430** 0.000 453
7	Pearson Correlation Sig. (2-tailed) N	0.298** 0.000 453
8	Pearson Correlation Sig. (2-tailed) N	0.295** 0.000 453

（续表）

9	Pearson Correlation Sig. (2-tailed) N	0.500** 0.000 453
10	Pearson Correlation Sig. (2-tailed) N	0.497** 0.000 453
11	Pearson Correlation Sig. (2-tailed) N	0.386** 0.000 453
12	Pearson Correlation Sig. (2-tailed) N	0.400** 0.000 453
13	Pearson Correlation Sig. (2-tailed) N	0.588** 0.000 453
14	Pearson Correlation Sig. (2-tailed) N	0.514** 0.000 453
15	Pearson Correlation Sig. (2-tailed) N	0.542** 0.000 453
16	Pearson Correlation Sig. (2-tailed) N	0.026 0.576 453

（续表）

17		Pearson Correlation	0.544**
		Sig. (2 – tailed)	0.000
		N	453
18		Pearson Correlation	0.516**
		Sig. (2 – tailed)	0.000
		N	453
19		Pearson Correlation	0.264**
		Sig. (2 – tailed)	0.000
		N	453
20		Pearson Correlation	0.604**
		Sig. (2 – tailed)	0.000
		N	453
21		Pearson Correlation	0.375**
		Sig. (2 – tailed)	0.000
		N	453
22		Pearson Correlation	0.601**
		Sig. (2 – tailed)	0.000
		N	453
23		Pearson Correlation	0.430**
		Sig. (2 – tailed)	0.000
		N	453
24		Pearson Correlation	0.580**
		Sig. (2 – tailed)	0.000
		N	453

(续表)

25	Pearson Correlation	0.506**
	Sig. (2 – tailed)	0.000
	N	451
26	Pearson Correlation	0.544**
	Sig. (2 – tailed)	0.000
	N	453
27	Pearson Correlation	0.616**
	Sig. (2 – tailed)	0.000
	N	453

** 在0.01水平(双侧)上显著相关。

检验构念效度的第二种方法是因子分析,我们在主成分因子分析中使用KMO和巴特利特检验(Bartlett)。当KMO值越大时,表示变量间的共同因素越多,越适合作因子分析。KMO的值为0.832(大于0.5),表明变量具有较高的共同性,可以进行因子分析;此外,根据巴特利特检验P<0.001,表明能够提取最少的因子同时又能解释大部分的方差,所以问卷具有可被接受的效度。

表2-5 KMO and Bartlett 检验

Kaiser-Meyer-Olkin Measure of Sampling Adequacy.		0.832
Bartlett's Test of Sphericity	Approx. Chi-Square	2772.529
	df	325
	Sig.	0.000

三、问卷设计思路及问卷的演变

试调查问卷分为四个部分:个人基本信息、参与意识、参与行为及参与归因。问卷主要采用李克特五分法进行测量。参与意识和参与行为部分主要从家庭、社区、社会三个空间,公共卫生、人际合作、人际矛盾、公共讨论、公共利益五个方面,主动参与、被动参与、干涉性参与三个层次考量。参与意识和参与行为的题项具有高度一致性,题目基本相同,只是在意识中用"愿意"五级量表进行考察,而行为中用"会去做"五级量表进行考查。对于参与归因部分的问题设计,主要对参与意识和参与行为的相同题项的追问,同时补充一些关于公共空间的性质判断的问题。在个人基本信息中,除了问及性别、年龄、职业、受教育程度、收入等信息外,补充了一些关于居住状况及居住环境信息的追问。

正式调查问卷在试调查问卷的基础上作出大幅度删减。这是因为,在试调查的问卷设计中,我们把与研究主题相关的问题都尽可能呈现在问卷中,四个部分的问题中,选项共266项。这是基于三种考虑,一是怕遗漏与主题相关的重要选项;二是想通过对试调查的数据分析,尽可能地挑选有效问题去进行正式调查;三是因为试调查对象和正式调查对象不一致,尽可能多地提出问题,可以避免由于调研主体的不一致,而遗漏对重要问题的关注。当然,更重要的是在试调查中,为了不让受调查者对长达12页的问卷失去填答的耐心,我们调动上级领导的权威,使受调查者把该问卷作为一项工作任务来完成,从而保证问卷填答的效度。

通过对试调查的数据分析,并通过询问问卷填答者在问卷填答中遇到的问题和疑惑,我们对问卷作了如下的一些更改。

1. 通过对参与意识和参与行为的比较分析,我们发现,参与意识总体来说高于参与行为,这与沙莲香教授在公共文明的调查中得出的结果一致。试调查结果同时显示,参与意识和参与行为高度相关,在趋势上具有一致性。因此,在正式调查时,我们决定删除参与意识的全部选项,只保留参与行为选项。

2.试调查数据显示,在我们分类为主动参与、被动参与和干涉性参与的选项中,主动参与选项与被动参与选择高度相关,且被动参与程度高于主动参与。因此,我们根据题目的不同类型,把主动参与和被动参与进行合并,将其命名为自觉性参与,干预性参与选项保持不变。

3.为了更加清楚地考察被调查者选项的典型意义,我们把试调查中所有多项选择的题目删除或更改为单项选择题,从而使问题更加清晰明确,使作答更加方便。

4.在影响公共参与的因素分析中,使参与行为和影响因素项目保持一一对应的关系。

5.将社会公共空间中主动参与的选项"主动带走他人的垃圾"改为"主动带走自己的垃圾",以使选项有区分度。

因此,修改后的试卷包括参与行为、参与归因和个人基本信息三大部分,选项从266个缩减为176个,从12页问卷变成6页问卷,大大减少了作答的时间,从而提高了问卷的效度。

四、研究方法的选取

(一)群体分析法

从方法论的角度来看,本研究是一项群体研究,揭示教师群体的公共参与状况,因此,研究的方法是社会心理学群体分析方法。沙莲香教授认为社会心理分析是采用社会心理学手法去分析与诱导社会生活的心理因素和心理—行为质量。社会心理学分析的群体形态,可以是同质的,统称为某类群体。这是学科上共有的分析语言,是分析上的共同性,而一旦"分析"进入具体区域,则出现群体的社会、文化上的含义差别。同样的"群体",作为群体构成的"个人"和"关系",以及群体内小群体之间的关系和群体之间的关系,都带上社会性格和文化性格的特点,是要作具体分析的,这种以特定社会、文化为背景条件的具体的群体心理与行为分析,才是这里提出的社会心理学分析视野(沙莲香,2004:2)。

(二)比较研究方法

在具体操作上,本书主要采用多个事物空间上的横向比较方法,而不是同一事物在不同时间点上的纵向比较方法。这一比较方法体现在考察家庭、社区、社会三个空间的参与的问题同一性。

比较研究方法是社会学研究的主要手段之一。经验学派比较社会学是以 R. M. 麻什等人为代表,这一学派的学者注重经验资料的搜集和比较分析。他们认为比较社会学是对两个或两个以上社会搜集资料所作的系统性比较。比较社会学的重点应放在每一个社会都有的社会制度和社会现象的分析上,以便寻求他们的共同特征。但并不停留于此,他们还寻求蕴涵在"一致性"表层下的差异。本研究即是要比较人们在家庭、社区、社会三个空间中参与状态的异同,同时在表面不同的现象中发现相同点、在表面相同的现象中寻找其不同点,通过结合比较,发掘隐藏在表层一致性下的深层差异。

(三)定量研究与定性研究相结合

本研究之所以选择定量研究方法,是因为公共参与是一种社会普遍性的现象,而定量研究可以描述一个社会现象是如何普及的,可以发现实际测试理论随着时间人口改变的程度,可以基于结构因素得到统计资料。采用定量研究方法,可以获得公共参与的普遍性的状态和现象的资料。但这只是解决"是什么"的问题,而要回答"为什么"问题时,定量研究则不能提供社会生活的比较深入的线索,不能解释人们的态度观点及其秘密的文化意义。虽然某些项目也可以通过定量研究方法去测量,但缺乏深层解释力,而要克服这一弱点,需要结合定性的研究方法。定量研究和定性研究都各有利弊,定性研究的优点就在于深入和具有概括性,而定量研究则相反,具有客观性和可验证性,因而研究者总会在两种社会学的审视中摇摆,一种丧失了人文精神,而另一种虽然有人文精神却丧失了科学的基础。因此,要想在理论上有所突破,建立出理论模型,就需要定性研究与定量研究循环往复,不断提出假设,验证假设,修改假设,形成模型,验证模型及不断修订模型。

艾尔·巴比指出,"定性研究比较倾向于与个案式解释模式相结合,而定量研究则比较容易达到通则式的解释"(艾尔·巴比,2002:26)。要想揭示一个普及性的社会现象并描述它的成因及影响因素,定量研究和定性研究的结合是最好的方法,所以本研究决定采用定量研究为主、定性研究为辅的方法。

第三章 家庭场域参与——封闭空间的责任取向参与

第一节 家庭场域及其性质

传统认为,家庭空间完全属于私人领域,但事实并非如此,"私人领域当中同样包含着真正意义上的公共领域;因为它是由私人组成的公共领域。所以,对于私人所有的天地,我们可以区分出私人领域和公共领域。"(哈贝马斯,1999:113)这表明,在家庭空间中,也有公共空间和私人空间的区分,家庭公共空间可以说是公共空间的出发点,同时,家庭空间又是公共空间中的一个特殊部分,其空间中的关系和结构既是家庭变迁过程的结果,又是社会发展过程的结果。也就是说,来自家庭自身的制度规则和来自社会的相关制度规则都集中体现在家庭的空间之中,所以,家庭空间和公共空间并非对立面,而是有其融合交汇之处。

一、家庭物理空间的封闭性

家庭物理空间是指家庭成员的活动涉及的与情感互动相关的各种实在物构成的地理场域。中国家庭的物理空间,呈现出对外封闭的特点,如北京的四合院,包括最有代表性的紫禁城,所有对外的墙,几乎严丝合缝,基本不向外开窗,即或有一扇两扇采光的窗户,也很高很小;门是全院唯一的对外通道,通常都不宽阔。如果曾经是较大的门,也要在门上再开一个小门出入。住在这种封闭的院落里,对方框外的一切,拒绝感、陌生感、警觉感、不信任感都是自然而然的正常反应。四合院的这种封闭性,使院内的情况不易外露,使家族成员不容易看见家外世界的变化,不容易与外界接触,从而减少和避免外力对家庭生活的干扰。

但是,古代的这种合院式建筑并不是没有开放的公共领域,只不过是这种开放是对内开放的而已。一般的合院式建筑,"穿过大门,展现于眼前的是与其封闭外壳迥然相异的空间。除了耳房(或角楼),所有门窗都通向天井,位于不同房间的人可以临窗相望,依门呼应,喜怒哀乐可以相互感染;举手投足,均可传递信息。房檐之下,不似西式建筑那样瓦与墙齐,内外自成界限,而是檐下有回廊,檐下之空间,虚实相涵,内外相通;漫步回廊,房与房的界限消失在步履之下。檐下闲玩,亲情融会于谈笑之中;相互交往,俱在檐下,炎阳不照身,下雨不湿鞋;人们以'同在祖先屋檐下'来比喻亲缘关系,大概就是由此而来。天井不仅具有采吸阳光的作用,而且是族人共同劳作的场地,孩童闲玩的场地,举行人生仪式待客的场地,同时又是人与自然密切接触的场所。"(杨知勇,2000:213)在家庭内部,具有典型意义的公共空间则是堂屋,人生重大的礼仪,均在堂屋举行。堂屋还是施行礼、家教的地方,是表达家族传统、展示家族收藏珍品的地方,是家人聚会、接待宾客用餐的地方。这些对内开放的公共领域,可以增强家庭成员之间的联系,增强相互间的凝聚力、向心力。

家庭物理空间这种对外封闭、对内开放的格局使置身于其中的成员有较强的归属意识,并对自己所归属的物理空间有较强的保护和干涉欲望。这在我们的研究中得到了验证。

在问卷中,我们用公共卫生的参与来考察人们在家庭物理空间的参与程度,用"家里的卫生,我经常进行打扫"来考察人们的自觉性参与状况,用"对破坏家里卫生的行为,我会制止"来考察人们的干预性参与(表3-1)。

表3-1 家庭公共卫生参与

问题	频数	有效百分比(%)	累计百分比(%)
家里的卫生,我经常进行打扫	绝对不会	1.20	1.20
	可能不会	2.40	3.60
	不确定	9.87	13.47
	可能会	26.95	40.42
	一定会	59.58	100.00
对破坏家里卫生的行为,我会制止	绝对不会	0.61	0.61
	可能不会	1.83	2.44
	不确定	7.01	9.45
	可能会	20.73	30.18
	一定会	69.82	100.00

对于家里的卫生,经常打扫的人数的有效百分比超过70%,绝对不会打扫的人数仅占有效百分比的1.2%,说明人们对家庭公共卫生的参与程度极高,这是自觉性参与层面的公共卫生的参与。对破坏家里卫生的行为进行制止的人,选择绝对不会的仅占有效样本量的0.6%,选择一定会和可能会的比例之和达到90%,这是干预性层面的参与,这说明在家庭场域的公共卫生的参与中,干预性参与高于自觉性参与,这在得分均值上也有反映。家庭场域公共卫生的自

觉性参与均值为4.41,干预性参与的均值为4.57,干预性参与得分高于自觉性参与。这说明,即使是在现代社会,人们对家庭物理空间仍有较强的干涉和保护欲望。

这是因为,随着社会的发展和人口的快速增长、地皮的有限性,现代家庭的物理生活空间比旧时呈现出更加封闭的状态。住单元房的人可能有一种共同的感觉:住房有窗、有阳台,可以听到房外的声音,看到房外的变化,甚至可以欣赏另一栋住房阳台上的花木;但同一单元的邻居很少往来,各个小家庭自成一体,十来个甚至几十个家庭可以共一个楼梯而相互如同路人。为了安全,有不少人搬迁新居的时候首先就是把阳台和窗户用钢管或其他材料将其封闭起来,和家庭以外的空间联络完全隔绝,使家庭呈现出封闭状态。并且,随着Soho家庭办公理念的兴起,工作也抢占家庭狭小空间,这在某种程度上意味着家庭的生产性功能的回归,为家庭物理空间的进一步封闭提供了物质基础;当然,由于工作内容的社会性与公事性,家庭办公又使家庭空间变成了一个对外联络沟通的平台,为家庭物理空间的对外开放提供了可能性。

以上表明,无论古代合院式建筑,还是现代单元房,不论家庭物理空间的形式怎样变化,其对外封闭、对内开放的特性没有改变。这种对外封闭、对内开放的特征使居于该空间的人有较强的领域感和归属意识,从而使人们对家庭物理空间的公共卫生具有较高的参与热情和较强的维护意识。

二、家庭心理空间的情感性

家庭心理空间是指家庭成员的交往活动涉及的与情感互动相关的心理预设空间,也就是家庭成员人际交往的心理空间。它主要是指人们在家庭场域主要和什么人交往以及在交往过程中遵循什么法则。

一般人们在与不同的人交往时心理边界非常清楚,往往依据与自己的关系的不同而采用相应的心理交往尺度。因为价值取向、交往法则及信任程度都大不相同,所以人们对家庭成员和非家庭成员有着非常严格的区分。美国学者帕森斯指出,受传统家族文化的影响,中国的社会文化价值表现为特殊主义(Particularism),而西方的社会文化价值则表现为普遍主义(Universalism),中国人交往的价值标准是与其地位属性紧密相连的,依据家人、亲戚、朋友、熟人、生人的不同区别对待,而西方人则以货币、选举、契约等普遍成就来判断行为的价值。中国人的价值取向表现在交往方式上,则遵循费孝通先生的"差序格局",即人们与他人的交往方式就是按照与自己的关系的远近不同,有区分地展开的;对于他人的信任也是按照差序格局往外推开的。这种关系依据的原则是血缘、地缘、业缘等,其心理基础则是情感性。情感越深,人们的互助及利他行为发生的概率更高。家庭显然是一个情感性较高的团体,家庭成员位于差序格局中离自己关系最近的部分,关系最强,情感也最深。黄光国将人际关系分为情感性关系、工具性关系及混合性关系三类,情感性关系以家人为主,其交往主要依凭"需求法则",强调在家庭交往中,重视情感,讲求责任,而不是为了追求最大利益的工具性交往(黄光国,2004:89);杨国枢也提出与黄光国类似的交往规则,他把华人的人际或社会关系,依亲疏度分为三大类,即家人关系、熟人关系和生人关系,认为在家人关系中,彼此要讲责任,而不是那么期望对方作对等的回报(杨国枢,2004:37)。根据上述学者观点,我们认为,家庭心理空间具有情感性特征,人们在家庭空间的交往是一种特殊性的交往,是依据需求法则,重视情感关系、讲求责任的交往,因而在家庭公共交往中,对于家庭和谐和家庭互助,人们应有较高的参与热情。

为考察人们在实际参与中的表现,在问卷中,我们从家庭冲突和家庭互助两个方面考察人们的家庭公共秩序和家庭公共合作两方面的交往情形。

表3-2 家庭公共秩序参与

问题	频数	有效百分比(%)	累计百分比(%)
我和家人发生争执,我会尽量忍让	绝对不会	0.30	0.30
	可能不会	4.80	5.10
	不确定	16.52	21.62
	可能会	41.74	63.36
	一定会	36.64	100.00
其他家庭成员发生争吵,我会尽量调解	绝对不会	0.32	0.32
	可能不会	4.05	4.37
	不确定	8.72	13.09
	可能会	29.28	42.37
	一定会	57.63	100.00

在家庭公共秩序参与中,我们用"我和家人发生争执,我会尽量忍让"考察人们在家庭公共秩序中的自觉性参与,用"当其他家庭成员发生争吵,我会调解"考察人们的干预性参与水平。结果显示,自觉性参与层面的均值为4.10,干预性参与层面的均值为4.40;我们可以看到,和家人发生争执,选择一定会和可能会忍让的比例达到78%,而在家庭成员发生争吵时,选择一定会和可能会去调解的比例

达到 87%。这说明,在家庭公共秩序的参与中,人们的干预性参与高于自觉性参与。

对于家庭场域中的公共合作,我们用"当家人向我寻求帮助,我会无条件地帮助他"来考察人们的自觉性参与,用"对于不帮助家人的其他家庭成员,我会劝说"来考察人们的干预性参与层面。表示可能会和一定会无条件帮助家人的达到 74%,但会劝说其他家庭成员对家人提供帮助的人不到半数,仅占有效百分比的 41%(表 3 - 3)。这说明,在家庭公共合作中,自觉性参与程度较高,而干预性参与程度较低,二者的得分均值分别是 4.40 和 4.19。

统计结果表明,无论是家庭公共秩序还是家庭公共合作,人们都显示出较高的参与程度,且在公共秩序参与中,干预性参与高于自觉

表 3-3 家庭公共讨论参与

问题	频数	有效百分比(%)	累计百分比(%)
家人向我寻求帮助,我会无条件帮助他	绝对不会	0.60	0.60
	可能不会	5.71	6.31
	不确定	19.22	25.53
	可能会	23.12	48.65
	一定会	51.35	100.00
对于不帮助家人的其他家庭成员,我会劝说	绝对不会	8.39	8.39
	可能不会	13.98	22.37
	不确定	36.96	59.33
	可能会	30.75	90.08
	一定会	9.63	99.71

性参与;在公共合作参与中,自觉性参与高于干预性参与。这表明,家庭心理空间的区隔性特征使人们对家庭成员有较强的认同感,在家庭公共交往中投入较多的感情因素,因而在家庭公共交往中显示出较高的卷入程度。

三、家庭行动空间的自利性

家庭行动空间是指家庭成员的活动,如家庭生产、家庭教育、家庭消费、家庭情感交流等活动构成的实际或想象的空间。传统社会,家庭呈封闭状态,经济生产、人口生产、情感交流、消费、教育等功能都聚集于家庭封闭的空间之中,这些家庭活动都与个人利益息息相关,具有很强的自利性特点,人们一般会有较高的参与倾向。随着经济社会的发展,家庭行动空间也面临着巨变。随着自给自足的经济方式向市场经济转变,家庭的众多功能如生产、教育、消费、情感交流等逐渐走向公共领域,使家庭行为空间呈现出多元性和开放性。随着家庭成员行动的扩展,家庭空间和公共空间的边界已经模糊,家庭空间逐步向公共空间渗透。现代家庭公共事务是否仍然与人们的个人利益相关,人们对于家庭公共事务的卷入程度如何呢?

在家庭行动空间,我们用是否参与家庭公共事务的讨论来考察人们的卷入程度。对于家庭公共讨论的参与,我们选择了两道题,用"我会主动参加家庭公共事务(如购房、买车、旅游)等的讨论"考察人们的自觉性参与状况,用"对于不参加家庭公共事务讨论的成员,我会劝说"考察人们的干预性参与状况,结果表明,在家庭公共事务的讨论中,表示可能会和一定会参加讨论的比例高达91%,但表示会劝说其他家庭成员参加公共事务的讨论的仅占45%,二者的得分均值分别为4.53和3.20(表3-4)。这表明,在家庭公共事务的讨

表3-4 家庭公共讨论参与

问题		频数	有效百分比(%)	累计百分比(%)
我会主动参加家庭公共事务(如购房、买车、旅游)等的讨论	绝对不会		1.23	1.23
	可能不会		3.37	4.60
	不确定		6.75	11.35
	可能会		18.40	29.75
	一定会		70.25	100.00
对于不参加家庭公共事务讨论的成员,我会劝说	绝对不会		7.23	7.23
	可能不会		17.17	24.40
	不确定		31.33	55.73
	可能会		36.44	92.17
	一定会		7.83	100.00

论中,自觉性参与程度非常高,而干预性参与程度相对较低。

在家庭行动空间中,对于家庭公共讨论的参与,人们的自觉性参与程度高表明,家庭成员对家庭公共事务责任感较强,具有较高的卷入程度,因为购房、旅游、买车等活动关乎人们在家庭空间的不同层次的需要,即安全需要、交往需要和享受需要,这些活动与每个家庭成员的私人利益密切相关,因而人们具有较高的参与热情。

在现代社会,虽然生产、教育、消费、情感交流等活动都逐步脱离家庭空间,向公共空间过渡,具有越来越多的社会性,如家庭中生产行为(如小手工作坊)的成果是在市场流通的公共产品,但这种生产所获得的利益却是属于家庭,与家庭每个家庭成员的切身利益密切关联,因而也是私人性的;消费也是如此,虽然家庭成员在市场上消费的是公共物品,但投入消费的费用却是与家庭利益密切相关,是家庭成员的共同财产,但同时又与每个人的利益相关,因而也具有私人性。正因为家庭行动空间发生的公共事务都与个人利益有着千丝万缕的联系,因而人们会有较高的参与程度。

从家庭场域的三个组成部分家庭物理空间、家庭心理空间和家庭行动空间的分析可以看出,家庭的物理空间的封闭性、心理空间的区隔性、行动空间的自利性都表明,家庭公共参与场域虽然具有一定程度的开放性、伸缩性和渗透性,但就总体而言,它仍是一个私人空间,家庭场域的物理环境、人际交往及公共事务,与每个家庭成员的切身利益都密切相关,因而人们会有较高的卷入程度。

第二节 家庭场域公共参与的特点

在本研究中,关于家庭场域的公共参与的问题共设计八个题目,公共卫生、人际矛盾、人际合作、公共讨论各两题,用五级量表,对行为层面的四个项目进行评分。每部分的第一项为自觉性参与题,第二项为干预性参与题。在具体分析时,首先对每个项目的两个层面进行单独分析,再对自觉性参与项目和干预性参与项目归纳起来,进行综合分析。

一、家庭场域中总体参与水平较高

统计结果首先揭示了人们在家庭场域具有较高的参与水平,在总分为10分的两个项目均值相加的比较中(图3-1),我们可以看到,无论是家庭公共卫生、公共秩序、公共讨论还是公共合作,得分都在7分以上,总体显示出较高的的参与水平,表明人们在家庭场域有较强的责任意识。

家庭公共参与

9	8.5	7.7	7.4
家庭公共卫生	家庭公共秩序	家庭公共讨论	家庭公共合作

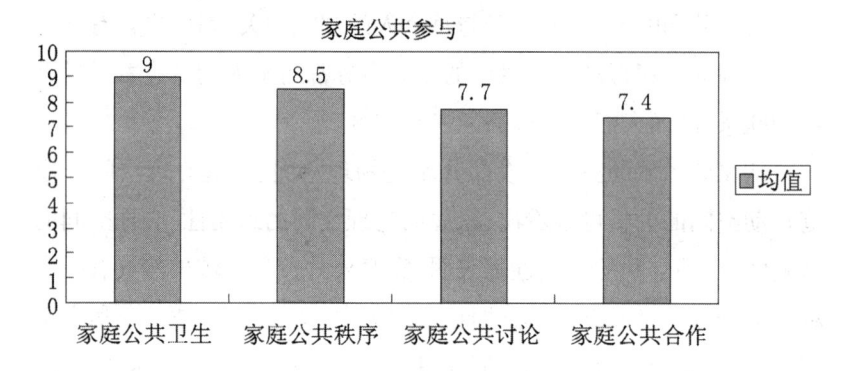

图3-1　家庭场域公共参与

二、公共卫生和公共秩序的干预性参与高于自觉性参与

我们把四个类别的每个类别的第一题作为一个层次,第二题作为一个层次,根据题意,我们命名为家庭自觉性参与和家庭干预性参与。把家庭场域四个类别的自觉性参与和干预性参与的均值分别相加,描述分析结果如表3-5所示。这表明,在家庭场域中,人们的干预性参与水平高于自觉性参与水平。通过进一步分析发现,干预性参与高于自觉性参与主要体现在家庭公共卫生参与和家庭公共秩序参与两个环节上,在家庭公共讨论的参与和家庭公共合作的参与则呈现出相反的情形。

表3-5　家庭自觉性参与和干预性参与描述统计

	N	Minimum	Maximum	Mean	Std. Deviation
家庭自觉性参与	527	8.00	20.00	17.1347	1.96424
家庭干预性参与	521	9.00	20.00	15.5816	2.20436
Valid N (listwise)	504				

第三节 影响家庭场域公共参与的因素

在问卷中,我们对家庭公共参与的每个项目都设置相关题目,要求被调查者自己判断,不同的要素决定其某项公共参与行为的重要性。根据前期访谈中提及的内容,我们把影响家庭场域公共参与项目的原因设计为如下因素:性格因素、父母教育因素、从众因素、惩罚性因素、道德感因素、印象管理因素等。问卷中性格因素表示为"我的性格";父母教育因素表示为"父母的教育";从众因素表示为"因为家庭成员都是这么做的";惩罚性因素表示为"我不这么做,会受家人则罚";道德感因素表示为"我不这么做,良心不安";印象管理因素表示为"我想给家人留下好印象"。本书以五分量表的形式要求被调查者作答,以确定每种要素的重要性程度。选择 1 表示"根本不重要",选择 2 表示"不重要",选择 3 表示"一般",选择 4 表示"重要",选择 5 表示"特别重要"。

表3-6 影响家庭场域公共参与的因素分析

	最重要的影响因素	均值	标准差
家庭公共卫生	父母的教育	4.02	0.773
家庭公共秩序	他是否有理	4.06	0.936
家庭公共讨论	家庭教育	2.18	1.064
家庭公共合作	他是否诚信	3.89	1.068

普遍认为,家庭公共卫生的参与,父母的教育影响最大;而公共秩序的参与,价值观因素即他是否有理影响因素最大;公共讨论,利

益因素影响最大;公共合作,诚信因素影响最大(表3-6)。

然而,上述结论只是人们自己对原因的归结,但是我们将样本选择的原因与其对行为的选择作相关分析,则发现许多项目与自己选择的影响因素有偏差。

一、家庭公共卫生参与:父母教育、性别、婚姻影响

在考察影响家庭公共卫生参与因素中,我们看到,在所有项目的选项中,父母的教育得分最高,均值为4.02分。这种结果是否与人们的行为表现具有一致性呢?我们将影响因素项目与实际行为取向作相关分析,数据分析显示,公共卫生的干预性参与和父母的教育在0.01水平上正相关,相关系数为0.121,这说明,认为父母教育因素重要的人,在家庭公共卫生参与中都有较好的表现。

表3-7 家庭公共卫生参与相关分析1

		对破坏家里卫生的行为,我会制止	父母的教育
对破坏家里卫生的行为,我会制止	Pearson Correlation Sig. (2-tailed) N	1 0.0 542	0.121** 0.005 532
父母的教育	Pearson Correlation Sig. (2-tailed) N	0.121** 0.005 532	1 0.0 540

** Correlation is significant at the 0.01 level (2-tailed).

除此之外,性别也影响家庭公共卫生的参与状况。对家庭公共卫生的自觉性参与与性别在0.01水平上显著相关,相关系数 r = 0.184,女性对家庭公共卫生的自觉性参与高于男性。这和传统的社

会分工以及女性在家庭中扮演的角色是相吻合的。婚姻状况与家庭公共卫生的参与也在 0.01 水平上显著相关,相关系数 r = 0.134,说明已婚者比未婚者具有更高的参与水平。已婚者比未婚者具有更强的家庭卫生的观念,更关注小家庭的环境状况,这是因为婚姻让人们对家庭建立了更多的责任感。

表 3 - 8　家庭公共卫生参与相关分析 2

		家里的卫生, 我经常打扫	性别	婚姻状况
家里的卫生, 我经常打扫	Pearson Correlation Sig. (2 - tailed) N	1 0.0 549	0.184** 0.000 534	0.134** 0.002 536
性别	Pearson Correlation Sig. (2 - tailed) N	0.184** 0.000 534	1 0.0 535	- 0.060 0.167 534
婚姻状况	Pearson Correlation Sig. (2 - tailed) N	0.134** 0.002 536	- 0.060 0.167 534	1 0.0 537

**　Correlation is significant at the 0.01 level (2 - tailed).

二、家庭公共讨论参与:取决于家庭教育

调查结果显示,决定人们是否参与家庭公共事务讨论的是"我的家庭教育",因为该项目均值为 2.18 分,在所有项目中为最低分,因为该项目是反向取分,所以该项目最为重要。我们的数据分析显示,在实际行为中,与家庭公共讨论相关的只有父母的教育因素。数据分析显示,父母教育与主动参加家庭公共事务的讨论在 0.01 水平上负相关,相关系数 r = - 0.124,也就是说越是认为父母的教育影

响重要的人,参与公共事务讨论的得分越低,该题目为反向取分题,因此得分越低,表示参与热情越高。

表3-9 家庭公共讨论相关分析

		我会主动参加家庭公共事务(如购房、买车、旅游)等的讨论	我的家庭教育
我会主动参加家庭公共事务(如购房、买车、旅游)等的讨论	Pearson Correlation Sig. (2 - tailed) N	1 0.0 533	-0.124** 0.005 518
我的家庭教育	Pearson Correlation Sig. (2 - tailed) N	-0.124** 0.005 518	1 0.0 535

** Correlation is significant at the 0.01 level (2 - tailed).

三、家庭公共秩序参与:与情感性因素、工具性因素、印象管理因素负相关

在影响家庭公共秩序参与的因素中,得分最高的是"他是否有理",均值为4.06分。在六项归因项目与实际行为的相关分析中,却发现"和家人发生争执时,我是否忍让"与"他是否有理"因素不相关,而与情感因素、工具性因素、印象管理因素相关,但呈现的是负相关(表3-10)。这说明,越认为情感因素、工具性因素、印象管理因素重要的人,在和家人发生争执时,忍让程度越低。这是一个很有意义的发现,一般而言,认为这些因素重要的人,应该在与家人发生冲突时,更会采取忍让的态度,但实际情形恰巧相反。怎么解释这一结论呢?在访谈中,我们得到的解释大体如下:

表3-10　家庭公共秩序相关分析1

		我和家人发生争执,我会尽量忍让	他和我的感情好不好	他对我是否有帮助	是否有他人在场
我和家人发生争执,我会尽量忍让	Pearson Correlation Sig. (2-tailed) N	1 0.0 548	-0.094* 0.030 534	-0.099* 0.022 534	-0.136** 0.002 533
他和我的感情不好	Pearson Correlation Sig. (2-tailed) N	-0.094* 0.030 534	1 0.0 536	0.540** 0.000 536	0.290** 0.000 535
他对我是否有帮助	Pearson Correlation Sig. (2-tailed) N	-0.099* 0.022 534	0.540** 0.000 536	1 0.0 536	0.348** 0.000 535
是否有他人在场	Pearson Correlation Sig. (2-tailed) N	-0.136** 0.002 533	0.290** 0.000 535	0.348** 0.000 535	1 0.0 535

* Correlation is significant at the 0.05 level (2-tailed).
** Correlation is significant at the 0.01 level (2-tailed).

"正因为感情因素很重要,因此我不能忍让,因为忍让他则伤了我的感情。"

"我知道他可能会对我帮助很大,但与他发生矛盾我也不能让着他,让他会使他觉得我讨好他。一家人就该表现真性情。"

"正因为有别人在场,我才不让,因为这种忍让会让别人觉得我胆小、懦弱。"

这说明,在家庭公共秩序的参与中,人们虽然理性上是认为应注重"他是否有理"因素,但在现代家庭发生人际矛盾时,却更注重情感因素、工具性因素和印象管理因素,只是人们不是盲目遵从传统情感,也不屈从于工具性因素和面子因素,而是更加注重自己的内心感受。这也说明,现代家文化变迁中,人们的自我意识在上升。

我们还发现,在"我与家人发生争执时,我尽量忍让"与性别在 0.01 水平上相关显著,相关系数 r = -0.244(表 3-11)。这说明,男性比女性在家庭中具有更高的忍让水平。这是由社会性别角色导致,家庭中的争执以家庭琐事居多,而"男主外,女主内"的社会分工使女性对家庭事务有更多的决定权,所以一般发生争执时,男性较为忍让。

表 3-11 家庭公共秩序相关分析 2

		我和家人发生争执,我会尽量忍让	性别
我和家人发生争执,我会尽量忍让	Pearson Correlation Sig. (2 - tailed) N	1 0.0 548	-0.244** 0.000 533
性别	Pearson Correlation Sig. (2 - tailed) N	-0.244** 0.000 533	1 0.0 535

** Correlation is significant at the 0.01 level (2 - tailed).

四、家庭公共合作参与:重在诚信

在家庭公共合作的参与中,对于是否帮助陷入困境中的家人,人们的行为表现的得分非常高,均值为 4.19 分。人们最看重的是诚信因素。但是把家庭实际参与行为和影响因素的项目作相关分析,发现没有一项因素与人们的实际行为相关。也就是说,人们实际上是否帮助家人,与"他和我的感情状况"、"他对我是否有帮助"、"他是否诚信"、"他是否有地位"、"不借会受良心谴责"、"不帮助面子上过不去"等因素均无关系,而只是考虑对方的需要和自己的能力而作的付出。正如黄光国所指出的,人们在家庭的行为遵循的是"需求法则",不考虑其他(黄光国,2004:89)。事实上,对于家人遭遇经济困境,人们普遍认为,只要条件许可,提供帮助应是义不容辞的,即使是经济上的帮助,如借钱给家人,常常不考虑对方是否有偿还能力,也不给对方规定偿还的期限的。所谓诚信因素,可能只是人们在迫不得已情景下的一种选择,因为问卷设置的问题是有强迫回答性的,但选项中并没有设置被帮助者的需求因素。这说明,在现代家庭中,家庭观念、家庭整体利益意识作用仍然较大。

第四节　相对封闭空间的责任取向参与

综上分析,家庭场域是一个封闭的社会空间,人们在家庭场域表现出较高的参与水平,这显示人们对家庭场域中的公共事务具有较强的责任感。

一、对家庭场域的公共事务具有较强的责任意识

就家庭场域的参与状况而言,人们的总体参与水平较高,并且在家庭场域中的干预性参与高于自觉性参与。这表明,人们不但自己在家庭公共事务中表现出较高的参与精神,并且会干预其他家庭成员对家庭公共事务的不作为和破坏行为,这说明人们对于家庭参与具有较强的责任意识。

笔者认为,人们在家庭场域中具有较高的参与水平是基于家庭

本位的思想。问卷中,我们设置了这样一道题:"当个人利益和家庭利益发生矛盾时,我会牺牲个人利益。"数据分析结果表明,79.6%的人表示一定会或是可能会牺牲个人利益。这说明,现代社会的人们仍然有较强的家庭本位的思想。正是这种家庭本位的思想,决定了人们在家庭场域中总体参与水平较高的事实。

所谓家庭本位观,即所有家庭成员应确立家庭家族整体利益至上的观念,家族利益高于其他利益,重于其他利益,亲族联系重于其他一切联系,视家庭整体的和谐统一为最高理想,个人的特殊利益要无条件地服从家庭的整体利益。家庭本位观念是传统文化的核心思想。虽然现代社会"家本位"逐渐向"个人本位"转化,特别是在文化转型中,传统的"群体本位"价值观也在向"个体与群体结合"的现代价值观转变。但将近80%的人表示愿意为家庭利益牺牲个人利益表明,现代社会,家庭利益至上的价值观念仍然占据统治地位。人们在家庭公共事务的参与中表现出较高的水平,也证实家庭本位观念仍在现代社会发挥着作用。

家庭本位的观念导致人们在家庭公共参与中显示出较高的水平,并不意味着家庭本位观念就是决定人们公共参与的唯一因素,当然还有一些其他因素在对人们的公共参与起作用,如性格因素、经济因素、制度因素等。正如数据所显示的,当个人利益和家庭利益发生冲突的时候,也有17.4%的表示不确定一定会牺牲个人利益,3%的人表示绝对不会或可能不会牺牲个人利益,这说明,在家庭场域进行行为选择时,还有一些其他的力量在与家庭利益抗衡。

正如布迪厄所言,"场域同时也是一个争夺的空间"(布迪厄、华康德,1998:139),在这个空间中,存在着各种力量的博弈。家庭场域到底该遵循什么样的逻辑、规则和常规,要看家庭场域中各种力量博弈的结果。在家庭场域中,人们对公共事务的高度卷入显示,在个人利益和家庭整体利益的博弈中,家庭整体利益具有压倒性的力量。这说明,家庭利益至上观念是家庭场域中人们行为的共同信念,是家庭公共参与场域中的实际或潜在的重要资源,为人们在家庭场域的公共参与提供持续的动力,因此可以说是家庭场域中重要的社会资本,这种社会资本能"使它的所有者能够在所考察的场域中对他人施加权力,运用影响,从而被视为实实在在的力量,而不是无关轻重的东西"(布迪厄、华康德,1998:136)。正是受这种社会资本力量的影响,人们在行为中以家庭整体利益为归依,关注家庭环境,重视家庭和谐,积极投入到家庭公共事务中,所以在家庭公共参与中表现出较高的参与水平。

二、当个人利益和家庭整体利益具有一致性时,人们的责任意识更强

数据分析也揭示了人们对家庭公共事务的不同项目的责任意识是不相同的,干预性参与高于自觉性参与主要表现在家庭公共卫生和公共秩序两个项目上,这意味着"我不一定会积极参与家庭公共事务,但如果你缺乏公共心,破坏公共卫生,破坏公共秩序,我一定要干预"。公共讨论和公共合作的参与则是自觉性参与高于干预性参与。这表明,在家庭场域中,不同的公共参与项目遵循不同的内在逻辑,使人们的参与水平呈现出差别,这是家庭利益和个人利益共同作用的结果。

在家庭场域的公共卫生和公共秩序这两个子场域中,家庭整体利益和个人利益具有较高的一致性,家庭公共卫生状况不好,直接影响到个人生存的物理环境;家庭公共秩序差,直接影响到个人生存的

人文环境。这两大因素直接决定人们的生活品质。整洁的环境、和谐的人际关系是个人在家庭中的基本需要，基本上属于刚性需要，如果没有满足，会给个人带来危机感。因此，在这两个子场域中，个人利益加入到家庭公共利益中去，从而使公共利益在场域中博弈的力量非常强大，所以人们在这两个项目上的干预性参与会高于自觉性参与。但在家庭公共合作中，我们主要考察的是是否帮助陷入困境的家人的利他行为，关乎的是他人利益；在公共讨论中，考察的是对家庭公共事务的介入，关乎的是家庭整体利益。这两个项目，与个人利益的关联性相对较弱，仅有他人利益和公共利益参与博弈，力量相对要小，所以参与程度相对较低。因此，在公共合作和公共讨论的这两个项目中，人们只注重自己的投入和参与，并不会过多地去干预他人的参与行为，即自觉性参与程度高，干预性参与程度低。这进一步表明，当个人利益加入家庭整体利益参与家庭场域的博弈，会增强人们在家庭场域中的责任意识。

三、父母教育是影响人们家庭场域责任意识的重要因素

统计结果显示，父母教育对家庭场域的公共卫生参与和公共讨论参与都有较大影响，也就是说，父母教育是影响人们家庭责任感的重要因素。

从公共卫生的角度看，父母的教育对人们形成良好的家庭卫生习惯影响较大。父母亲对儿女家庭公共卫生的教育一般通过两种途径：一是言传身教，在生活中教化和濡染，给子女以较好的引导；二是父母对子女严加管理，使其从小养成遵守公共卫生的好习惯。

从主动参加家庭公共事务讨论的角度分析，一般而言，人们从小

所受的家庭教育是:家庭公共利益就是自己的利益,家人的利益也是自己的利益,家庭成员中的每一个人与家庭都是荣辱与共。所以遇到家庭公共事务的讨论时,人们一般是不由自主地在惯性的推动下参与其中。这是中国传统文化中家庭利益至上观念的体现,但这种观念的形成,对个人而言,一般不是学校教育和社会教育导致,而是父母教育的结果。

四、人们在家庭场域的责任意识显示出一定的自主性

家庭公共秩序的参与中,对于"和家人发生争执,我是否忍让",人们虽然理性上是认为应注重"他是否有理"因素,但在现代家庭发生人际冲突时,却更注重情感因素、工具性因素和面子因素,只是人们不是基于传统情感、工具性因素和面子因素盲目忍让,而是更加注重自己的内在的心理感受。如对于越是对自己有过帮助的人越不忍让,越有他人在场,越不忍让。这也说明,在现代家庭变迁中,人们的自我意识在上升。这使得人们在家庭场域中责任意识呈现出一定的自主性。

家庭场域的责任意识的这种自主性变化,说明家庭公共参与场域中,以家庭整体利益为归依的社会资本的力量随着人们实践的发展也会发生变化。在现代社会的变迁中,它对某些公共参与项目的影响力量无法超越人们的自我意识,因而人们在家庭场域某些公共参与项目的责任意识呈现出一定的自主性。

综上所述,在家庭场域的参与中,家庭利益至上观念在家庭场域中具有重要的作用,使家庭场域的参与呈现出责任取向。当个人利益和家庭利益具有一致性的时候,人们在家庭场域的参与表现出更强烈的责任感,干预性参与高于自觉性参与。

第五节　小结

本章从家庭的物理空间、心理空间和行动空间三个层面分析了家庭场域与公共场域的关系,指出家庭场域具有对内开放、对外封闭的特点;从公共卫生、公共秩序、公共合作和公共讨论四个层面考察了人们在家庭场域的参与状况,数据分析得出两个主要结果:一是人们在家庭场域的公共参与水平较高,二是人们在家庭场域中的干预性参与高于自觉性参与。

人们在家庭场域中之所以参与水平较高,是家庭本位观念作用的结果。在家庭场域中,家庭利益至上观念是一种重要的社会资本,在与其他资本博弈的过程中,获得压倒性的胜利。受这种观念的影响,人们在家庭场域中参与的主导思想是以家庭整体利益为重,呈现出责任取向的参与。

人们在家庭场域的责任取向的参与呈现出如下特征:第一,对于家庭场域的公共事务具有较强的责任意识;第二,人们在家庭场域的责任意识显示出一定的自主性;第三,当个人利益和家庭整体利益具有一致性时,人们的责任意识更强;第四,父母教育是影响人们家庭场域责任意识的重要因素。

需要说明的是,本研究所选用的样本多为核心家庭,核心家庭是由一对夫妇及未婚子女组成的家庭,本研究的核心家庭为296人,为有效样本量的55%,这对研究结果是会产生一定程度的影响。因为对于核心家庭而言,家庭空间相对较小,对内部开放程度更高,对外则显得更加封闭。这在某种程度上也增强了家庭成员的凝聚力和家庭整体利益的精神。但同时,核心家庭冲击了传统的家中心文化,削弱了中国传统大家庭互助共济的兄弟姐妹网络,从而降低了人们对大家庭公共事务的参与程度。因此,对本研究所呈现的人们对家庭公共事务有较高的参与热情应辩证看待,也许大多数人对家庭内的公共事务的理解是核心家庭内部的公共事务,而不是大家庭的公共事务。因此,如果以传统大家庭为场域来考察人们的公共参与,则参与水平会有所降低,责任取向会相应有所减弱。

第四章　社会场域参与——
开放空间的道德取向参与

家庭场域是对内开放、对外封闭的场域,而社会场域是一个完全开放的场域。在这个完全开放的公共场域中,人们的参与行为究竟如何?人们在家庭场域基于家庭本位的观念,呈现出责任取向的参与,在社会场域,公共参与行为是以什么为导向呢?

第一节　社会场域及其理性选择

社会场域是相对独立的社会空间,是人们在社会活动中涉及的空间范围和位置及其中的关系系统,它不仅仅指社会的物理空间,同时也包含了社会心理空间和行动空间的范畴,类似于我们通常所说的公共领域的概念。社会物理空间是指所有社会成员都有短期使用权的公共空间,是属地的概念;社会心理空间是指在公共空间的交往对象,是属人的概念;社会行动空间是指公共领域中展开的活动范围,是行为概念。社会物理空间和社会心理空间是社会场域的静态构成,社会行动空间是社会场域的动态表现,它们共同构成社会场域的丰富内涵。

通常认为,在社会场域这个开放的空间,人们的行为选择一般是基于利益的考量,是理性选择。所谓理性选择是指人们在理性的支配下对行动的选择倾向于最小成本和最大收益。获取个人收益的最大化我们称之为个体理性,获取社会收益的最大化我们称之为社会理性。一般而言,个体理性中所指的收益是指经济效益,社会理性所指的收益不仅包含经济效益,还包含政治的、社会的、文化的、情感的效益。

不少学者对人们在社会场域的公共行为持乐观态度,认为个体理性和社会理性并不矛盾,如传统的利益集团理论认为,具有共同利益的个人会从自身利益出发采取一致的集体行动,如利益集团受到敌人的袭击时,个体会自发组成联合统一战线,对付共同的敌人。这是个体理性选择的一种态度。在这种态度下,共同行为是很容易产生的。但传统的集团理论忽视了搭便车行为的严重性,低估了公共行动的难度。事实上,个体理性选择常常导致公共行为的困境,因为个人理性不一定带来社会理性和共同理性,如中国古代"三个和尚没水喝"、"滥竽充数"的故事,古典经济学中的"劣币驱逐良币",安徒生童话中的"皇帝的新装",都从不同的角度演绎着公共行为的困境。最典型的三种公共行动困境模型就是:公用地悲剧、囚徒窘境博弈和搭便车困境。"公用地悲剧"理论是个体理性导致集体非理性的过程;"搭便车困境"则是指是存在共同利益的情况下,理性的个体不会为共同利益采取合作性的集体行动;"囚徒窘境"则是在两人利益相关的情况下,个人理性和社会理性的矛盾。尽管这三者从行为方式上各不相同,但都从不同的角度呈现了个体理性和社会理性的矛盾,揭示了当个人在追求利益最大化的同时,破坏公共利益,对公共利益不作为,或是不顾及公共利益,最终都走入公共利益和自己利益共同受损的困境。在社会场域中,许多公共行为的规则都是按照社会理性选择的理论建立的,以期实现社会整体利益的最大化。

那么,人们在社会场域的公共行为的选择到底是遵从社会理性还是个人理性呢?个人理性和社会理性的关系如何?

我们把与社会场域相关的问题由五级量表变为三级量表,把选项中表示"绝对不会"和"可能不会"的选项相加,表示否定选择,把选项中"可能会"和"一定会"选项相加,表示肯定选择,不确定选项保持不变。把社会场域的公共参与的否定性参与高于肯定性参与看成是个体理性选择,把肯定性参与高于否定性参与看成是社会理性选择,对统计数据进行频数分析。

一、社会物理空间的理性选择

所谓社会场域的物理空间是指广场、公园、街道等可以随意出入的开放的公共空间,是属于所有人的空间。奥特曼(Altman)将领地分为三类:(1)主要领地(primary territories):指个人或群体单独享有和使用的领地,长期为人们占有,是拥有人最重要的生活活动中心,如住房、居住区等。戈尔曼把个人拥有物也归为这一领地,主要包括个人衣物、首饰、化妆品、发型等。对于主要领地,拥有者持有法定所有权,惯于将侵入此领地的行为视为有意,并坚决抵制,严重时甚至动用武力,或诉诸法律。在这个领地范围内,人们的个性、特长、爱好等极明显地表露出来(欧文·戈夫曼,2008:96)。(2)次要领地(secondary territories):指个人定期使用,但无拥有权的领地,包括工作单位、办公室、教室、娱乐场所、居住区街道等。个人只被视为有权使用此领地的众多人中的一个。由于该领地公私界限不清,容易引起人们对领地权为公或为私的混淆。(3)公共领地(public territories):指任何人都可享有的临时领地,主要包括电话亭、网球场、公园的长凳、图书馆、商场座位、海滩等。人们对这一领地只有短期使用权,使用时应遵循先来先得的原则。社会场域的物理空间就指的是这种公共领地(转引自保罗·贝尔,2009:93)。

我们用"在广场、公园、街道等处,我会主动带走自己的垃圾"考察人们在社会场域的公共卫生的自我参与,用"有人在广场、公园、街道等处扔垃圾,我会制止"考察人们在社会场域公共卫生的干预性参与(表4-1)。

表4-1 社会公共卫生参与

问题	频数	有效百分比(%)	累计百分比(%)
在广场、公园、街道等处,我会主动带走自己的垃圾	绝对不会	0.00	0.00
	可能不会	1.79	1.79
	不确定	4.18	5.97
	可能会	17.91	23.88
	一定会	76.12	100.00
有人在广场、公园、街道等处扔垃圾,我会制止	绝对不会	6.44	6.44
	可能不会	20.86	27.30
	不确定	34.66	61.96
	可能会	30.67	92.63
	一定会	7.37	100.00

在公共卫生的自觉性参与层面上,没有人表示在广场、公园、街道等处绝对不会带走自己的垃圾,76.12%的人表示一定会带走自己的垃圾,该项目均值为4.68分,说明人们在社会场域的公共卫生的自觉性参与显示出较高水平。把选项中表示"绝对不会"和"可能不会"的选项相加,表示否定选择,把选项中"可能会"和"一定会"选项相加,表示肯定选择,不确定选项保持不变,发现对社区场域公共卫

生的自我参与中持肯定选择的人数比例高达94.03%,而选择否定选项的比例仅为1.79%,说明在广场、公园、街道等处,绝大部分人倾向于带走自己的垃圾,参与程度非常高(表4-1)。

在公共卫生的干预性参与层面上,对于是否会制止别人在广场、公园、街道等处乱扔垃圾,两个极端的选项人数比例都不多,表示一定会的比例为7.37%,表示绝对不会的比例为6.44%,而表示不确定的人数比例高达34.66%,说明人们对于是否会制止别人在公共场合乱扔垃圾态度不是很明朗。在访谈中,较多的人表示,如果乱扔垃圾的是孩子或学生就一定要去制止,是成年人则视情形而定。总体而言,对于公共卫生干预性参与持肯定态度的比例为38.04%,持否定态度的比例为34.66%,持肯定态度的比例还是略高于持否定态度的比例。

综上所述,我们可以看出,在社会场域的公共卫生的自我参与层面,绝大多数人持肯定的参与态度;而在干预性参与层面,持肯定态度的比例略高于持否定态度的比例。这一结果表明,在社会物理空间,人们总体更倾向于保持并维护社会物理空间的卫生,说明人们的公共参与总体倾向于社会理性选择。

二、社会心理空间的理性选择

社会场域的心理空间是指社会成员的交往活动涉及的与情感互动相关的心理预设的对象空间,也就是人们对于与什么人交往属于公共领域的交往的界定,它是一种属人的概念,有时候不仅仅是指与自己完全不认识的陌生人,与自己认识但情感上比较疏远的熟人也属社会场域的心理空间范畴。我们通过在社会场域的公共秩序和公共合作两个项目来考察人们的社会心理空间的选择。

第四章 社会场域参与——开放空间的道德取向参与

社会公共秩序可以表现为人们对社会场域中物理环境的维护，如排队、遵守交通规则、不大声喧哗等，也可以表现为对社会场域中心理环境的维护，如维持和谐的人际关系，使社会场域呈现出较好的人际氛围。因为在前面的公共卫生参与中已经考察了人们对物理环境维护的一面，所以这里主要考察人们对心理环境的维护。这样做，一方面是为了更全面地了解人们的公共参与状况；另一方面，也为了与家庭场域中保持一致，以方便比较。所以，这里也和家庭场域一样，用人际冲突来考察人们在社会场域公共秩序的参与状况。因此，我们用"与陌生人争吵，我会尽量忍让"考察人们在社会场域的公共秩序的自觉性参与，用"陌生人之间发生吵架行为，我会劝解"考察社会场域的公共秩序的干预性参与（表4-2）。

表4-2 社会公共秩序参与

问题	频数	有效百分比(%)	累计百分比(%)
与陌生人争吵，我会尽量忍让	绝对不会	2.69	2.69
	可能不会	9.28	11.97
	不确定	28.74	40.71
	可能会	41.62	82.33
	一定会	17.66	99.99
陌生人之间发生吵架行为，我会劝解	绝对不会	18.60	18.60
	可能不会	29.57	48.17
	不确定	27.74	75.91
	可能会	16.73	92.64
	一定会	7.36	100.00

在公共秩序的自觉性参与层面,当和陌生人发生争吵时,表示一定会忍让的比例为17.66%,绝对不会忍让的比例为2.69%,两个极端人数较少,均值为3.6,说明人们的参与水平一般。但总体而言,在与陌生人争吵时的"忍让"项目上,持肯定态度的比例为59.28%,持否定态度的比例为11.98%,持肯定态度的比例超过半数,远高于持否定态度的比例,说明在社会场域中与陌生人发生争吵时,大多数人有"忍让"倾向。

在公共秩序的干预性参与层面,对于陌生人发生吵架行为,只有7.36%的人表示一定会劝解,18.60%的表示绝对不会劝解,持不确定态度的人数占绝大多数,均值为2.6,说明人们参与水平较低。进一步分析,则发现总体而言,对于是否劝解陌生人之间的争吵,持肯定态度的比例为24.09%,持否定态度的比例为48.17%,持否定态度的远高于持肯定态度的,不到1/4的人有"劝解"倾向,但接近半数的人表示不会去"劝解"。

综上所述,在社会场域的公共秩序参与中,自觉性参与层面是肯定性参与高于否定性参与,干预性参与层面则是否定性参与高于肯定性参与。

在社会场域的公共合作参与层面,我们用"陌生人陷入困境,我会毫不犹豫地帮助他"考察人们的自觉性参与,用"我会动员他人对陷入困境的陌生人提供帮助"考察人们的干预性参与(表4-3)。在公共合作的自觉性参与层面,当陌生人陷入困境时,表示一定会"毫不犹豫地帮助他"的比例仅为2.09%,均值为2.69,说明人们的参与水平极低。总体趋势也是如此,对于帮助陌生人持肯定态度的比例为24.48%,持否定态度的比例为41.19%,持否定态度者几乎为持肯定态度者的两倍。

在公共合作的干预性参与层面,表示会"动员他人帮助陷入困境的陌生人"比例为2.79%,均值为2.56,说明人们在社会场域的公共合作干预性参与水平极低。进一步分析发现,对于动员他人帮助陌生人,持肯定态度的比例为19.51%,否定态度的比例为45.82%,否定倾向者远高于肯定倾向者。

综上所述,我们可以看出,在社会场域的公共合作参与,无论是自觉性参与层面还是干预性参与层面,否定性态度的参与者都是高于肯定性态度的参与者。同时,我们也看到,无论是自觉性参与选项还是干预性参与选项,有1/3左右的人不确定是否会帮助他人,这在某种程度上暗示着1/3的人是否帮助陌生人受情境影响较大。

表4-3 社会公共合作参与

问题	频数	有效百分比(%)	累计百分比(%)
陌生人陷入困境,我会毫不犹豫地帮助他	绝对不会	16.72	16.72
	可能不会	24.47	41.19
	不确定	34.33	75.52
	可能会	22.39	97.91
	一定会	2.09	100.00
我会动员他人对陷入困境的陌生人提供帮助	绝对不会	20.74	20.74
	可能不会	25.08	45.82
	不确定	34.67	80.49
	可能会	16.72	97.21
	一定会	2.79	100.00

总体而言,在社会心理空间参与中,否定性参与高于肯定性参与,即人们在社会心理空间的参与总体趋于个体理性选择;但在社会公共秩序的自觉性参与层面,肯定性参与高于否定性参与,也即对于

在社会场域与陌生人发生矛盾,是否忍让,人们的参与更倾向于社会理性选择。

三、社会行动空间的理性选择

社会场域的行动空间是指社会成员开展活动的内容空间,即社会成员对于哪些活动属于公共行为的认识。一般而言,行为可以分为两类,一类是个人行为,一类是社会行为。"个人行为是个人基于特定的欲求,为了实现特定的目标,并选择各种各样的手段去实现目标的活动。"(佐伯茂雄,1985:33)"'社会的'行为应该是这样一种行为,根据行为者或行为者们的行为意向,它关联着别人的举止,并且在行为的过程中以此为取向。"(马克斯·韦伯,1998:40)因此,公共行为是社会行为,因为公共行为是指发生于公共空间中,关乎公共利益或他人利益的个人或群体社会行为,它强调个人和群体、群体与群体的共同行为和关系,行为者尤其强调在主观意愿上同别人的行为发生关联。

我们用社会场域中的公共问题的讨论来考察人们社会行动空间的选择。在社会场域的公共讨论的参与中,我们用"我会主动参加社会公共事务的讨论"考察人们的自觉性参与,用"我会动员他人参与社会公共事务的讨论"考察人们的干预性参与(表4-4)。

在公共讨论的自觉性参与层面,对于社会公共事务的讨论,表示一定会参加的比例仅为9.17%,均值为3.30,说明人们的参与水平一般。根据本书的逻辑对数据进行肯定、否定和不确定三分变量后,发现总体趋势也是如此,对于参与社会公共事务持肯定态度的比例为47.09%,持否定态度的比例为21.72%,持肯定态度者远胜于持否定态度者。

第四章 社会场域参与——开放空间的道德取向参与

表4-4 社会公共讨论参与

问题		频数	有效百分比(%)	累计百分比(%)
我会主动参加社会公共事务的讨论	绝对不会		3.98	3.98
	可能不会		17.74	21.72
	不确定		31.19	52.91
	可能会		37.92	90.83
	一定会		9.17	100.00
我会动员他人参与社会公共事务的讨论	绝对不会		16.82	16.82
	可能不会		32.73	49.55
	不确定		30.33	79.88
	可能会		18.92	98.80
	一定会		1.20	100.00

在公共讨论的干预性参与层面,表示会"动员他人参与社会公共事务的讨论"者比例为1.20%,均值为2.56,说明人们在社会场域的公共讨论干预性参与水平极低。进一步分析发现,对于动员他人参与公共事务讨论,持肯定态度的比例为20.12%,否定态度的比例为49.55%,否定倾向者远高于肯定倾向者。

综上所述,我们可以看出,在社会场域的公共讨论参与,自觉性参与层面,肯定性参与高于否定性参与;干预性参与层面,否定性参与高于肯定性参与。

这表明,人们在社会场域的行动空间,在自觉性参与层面是社会理性选择,在干预性参与层面是个体理性选择。

第二节 社会场域公共参与的特点

综上分析,我们发现,人们在社会场域的参与呈现出如下特点(表4-5):

表4-5 社会场域公共参与均值比较

项目	排序	均值	标准差
在广场、公园、街道等处,我会主动带走自己造成的垃圾	1	4.68	0.64
有人在广场、公园、街道等处扔垃圾,我会制止	4	3.12	1.03
和陌生人争吵,我会尽量忍让	2	3.62	0.97
陌生人之间发生吵架行为,我会劝解	6	2.60	1.10
陌生人陷入困境向我求助,我会毫不犹豫地帮助他	5	2.69	1.06
我会动员他人给陌生人提供帮助	7	2.56	1.08
我会主动参加广场维修改造等公共事务的讨论	3	3.31	1.00
我会动员他人参与广场维修改造等公共事务的讨论	8	2.55	1.02

第一,在自觉性参与层面,人们更倾向于社会理性选择。在社会心理空间公共参与的四个项目中,自觉性参与层面,除公共合作外,在公共卫生、公共秩序、公共讨论中,都是肯定性参与高于否定性参与,说明在自觉性参与层面,人们总体上是以社会整体利益为重,更倾向于社会理性选择,也即在社会公共场域,人们对于自觉性参与项目有更高的参与意识。

第二,在干预性参与层面,人们更倾向于个体理性选择。在干预性参与层面,人们在公共秩序、公共合作和公共讨论三个项目上否定参与高于肯定参与,说明总体而言,在社会场域的干预性参与中,人们在社会心理空间是个体理性选择,也即人们在社会场域的公共交往中,更关注个人的利益及付出,是个体理性的选择。

第三,社会场域的公共参与水平总体较低,但肯定性参与高于否定性参与,总趋势呈现出社会理性选择。从表4-5的均值比较也可以看出,在社会公共空间里,公共卫生自我参与水平最高,均值为4.68分,标准差为0.64;公共讨论的干涉性参与水平最低,均值为2.55,标准差为1.02。只有一项均值超过4分,其他均值在2.55-3.62之间,总体分数偏低,说明在社会场域,人们的参与水平普遍较低。但从另外一个角度我们也看到,所有项目的均值都在2.5分以上(总分5分),说明就总体而言,人们在社会场域的参与是肯定性参与高于否定性参与。这说明虽然人们在社会场域的总体参与水平不高,但就总趋势而言,是社会理性选择高于个体理性选择。

第三节 影响社会场域公共参与的因素

在问卷中,我们同样对社会公共参与的每个项目都设置了相关因素项目,即要求被调查者自己判断,不同的要素在决定某项公共参与行为的重要性。根据前期访谈中提及的内容,我们把影响社会场域公共参与项目的原因设计为如下因素:性格因素、父母教育因素、从众因素、惩罚性因素、道德感因素、印象管理因素等。问卷中性格因素在题中表示为"我的性格",家庭教育因素表示为"父母的教育";从众因素表示为"因为家庭成员都是这么做的",惩罚性因素表示为"我不这么做,会受家人责罚";道德感因素表示为"我不这么做,良心不安";印象管理因素表示为"我想给家人留下好印象"。这里以五分量表的形式要求被调查者作答,以确定每种要素的重要性程度。选择1表示"根本不重要",选择2表示"不重要",选择3表示"一般",选择4表示"重要",选择5表示"特别重要"。

对社区参与的四个项目进行自我归因项目统计,每个项目均值最高的项目如表4-6所示:公共卫生的参与归因得分最高的为"家庭教育",公共秩序的参与归因得分最高的为"他是否有理",公共讨论的参与归因得分最高的也是"家庭教育",公共合作参与归因得分最高的为"他是否诚信"(表4-6)。将影响社会场域公共参与的因素与人们的行为选择进行相关分析,得出如下结论:

表4-6 影响社会场域公共参与的因素分析

	最重要的影响因素	均值	标准差
社会公共卫生	家庭教育	3.87	0.885
社会公共秩序	他是否有理	3.89	0.957
社会公共讨论	家庭教育	2.21	0.873
社会公共合作	他是否诚信	3.83	0.843

一、社会公共卫生参与:家庭教育因素、惩罚性因素、道德感影响

将影响社会公共卫生参与的项目与人们参与的实际行为作相关分析,我们发现在实际社会公共卫生参与行为中,影响因素主要包括家庭教育、惩罚性因素和道德感。

社会公共卫生的自觉性参与与道德感因素在0.05水平上相关，相关系数为0.097(表4-7)，说明人们是否会在广场、公园、街道等处主动带走自己的垃圾，与人们的道德意识有关。道德意识越强的人，带走自己的垃圾的意识越强。

表4-7 社会场域公共卫生参与相关分析1

		在广场、公园、街道等处，我会主动带走自己造成的垃圾	如果我不这样做，我心里不安
在广场、公园、街道等处，我会主动带走自己造成的垃圾	Pearson Correlation Sig. (2-tailed) N	1 0.0 547	0.097* 0.025 541
如果我不这样做，我心里不安	Pearson Correlation Sig. (2-tailed) N	0.097* 0.025 541	1 0.0 542

* Correlation is significant at the 0.05 level (2-tailed).

社会公共卫生的干预性参与与家庭教育、惩罚性因素、道德感因素相关，与家庭教育因素在0.01水平上相关显著，相关系数 r = 0.191；与惩罚性因素在0.01水平上相关，相关系数 r = 0.151，与道德感因素在0.01水平上相关，相关系数 r = 0.206(表4-8)。这说明人们是否会制止乱扔垃圾的行为，受家庭教育和道德感因素影响较大。

这与人们在社会公共卫生参与的自我选择是一致的，人们选择的影响社会公共卫生参与的因素中，排名前三位的正是家庭教育因素、惩罚因素和道德感因素。

表4-8　社会场域公共卫生参与相关分析2

		有人在广场、公园、街道等处扔垃圾,我会制止	父母的教育	如果我不这样做,会受责罚	如果我不这样做,我心里不安
有人在广场、公园、街道等处扔垃圾,我会制止	Pearson Correlation Sig. (2 - tailed) N	1 0.0 537	0.191** 0.000 530	0.151** 0.001 528	0.206** 0.000 527
父母的教育	Pearson Correlation Sig. (2 - tailed) N	0.191** 0.000 530	1 0.0 541	0.227** 0.000 539	0.230** 0.000 538
如果我不这样做,会受责罚	Pearson Correlation Sig. (2 - tailed) N	0.151** 0.001 528	0.227** 0.000 539	1 0.0 539	0.506** 0.000 538
如果我不这样做,我心里不安	Pearson Correlation Sig. (2 - tailed) N	0.206** 0.000 527	0.230** 0.000 538	0.506** 0.000 538	1 0.0 538

** Correlation is significant at the 0.01 level (2 - tailed).

二、社会公共秩序参与:自我形象因素影响

在影响社会公共秩序参与的相关因素分析中,人们认为,与陌生人吵架,是否克制,关键在于价值观因素,即他是否有理,该因素在所有六个项目中得分最高,均值为3.89分。但把该项目的六个项目与人们选择的实际行为取向进行相关分析,我们发现该因素与人们在社会公共空间的忍让行为并不相关,与之相关的是自我保护因素,即"是否有他人在场"与"和陌生人争吵,我会尽量忍让"在0.05水平上相关,相关系数 r = -0.088,说明越认为该因素重要的人,忍让水

平越高(表4-9)。这一结果表明,人们在公共空间较为关注自我形象,与陌生人争吵是看他是否有理,而不是看他是否有权威、有势力。这也说明现代社会人们的个性张扬,有较强的自主意识,不屈服于外界压力。

表4-9 社会场域公共秩序参与相关分析

		和陌生人争吵,我会尽量忍让	是否有他人在场
和陌生人争吵,我会尽量忍让	Pearson Correlation Sig. (2 - tailed) N	1 0.0 547	0.088* 0.042 534
是否有他人在场	Pearson Correlation Sig. (2 - tailed) N	0.088* 0.042 534	1 0.0 535

* Correlation is significant at the 0.05 level (2 - tailed).

三、社会公共合作参与:诚信因素影响

在影响社会公共合作参与的因素分析中,对于是否帮助陌生人,人们认为最重要的影响因素是"他是否诚信",在相关因素分析的六个项目中获取最高分,均值为3.83分,并且,其重要性在与人们实际行为的比对中得到了验证。"当陌生人陷入困境向我求助,我会毫不犹豫地帮助他"与"他看起来诚信"在0.05水平上相关,相关系数 $r=0.093$(表4-10)。这说明,在公共场合,看起来诚信的人更容易获得他人帮助。

表4-10　社会场域公共合作参与相关分析

		陌生人陷入困境向我求助,我会毫不犹豫地帮助他	他看起来诚信
陌生人陷入困境向我求助,我会毫不犹豫地帮助他	Pearson Correlation Sig. (2-tailed) N	1 0.0 547	0.093* 0.032 535
他看起来诚信	Pearson Correlation Sig. (2-tailed) N	0.093* 0.032 535	1 0.0 536

* Correlation is significant at the 0.05 level (2-tailed).

四、社会公共讨论参与:从众心理及利益因素影响

对于是否参加社会公共事务的讨论,人们表示,最重要的因素是家庭教育,该因素在所列的七个影响因素项目中得分最低(反向取值),均值为2.21分,这说明人们都意识到家庭教育对其公共行为的影响。但把影响社会公共讨论因素各个项目的得分情况与人们的实际行为选择进行相关分析,却只发现"我会参加广场维修改造等公共事务的讨论"与"大多数人是否参加"相关,相关性水平为0.05,相关系数$r=0.101$;与"是否与我自身利益"相关,相关性水平为0.05,相关系数$r=0.095$(表4-11)。这表明人们是否参与公共事务的讨论受他人行为影响,参与的人越多,自己去参与的可能性越大;并且,讨论的事物与自己的利益相关,去参与的可能性也越大。

表4-11 社会场域公共讨论参与相关分析1

		我会主动参加广场维修改造等公共事务的讨论	大多数人是否参加	是否与我自身利益相关
我会主动参加广场维修改造等公共事务的讨论	Pearson Correlation Sig. (2-tailed) N	1 0.0 539	0.101* 0.020 526	0.095* 0.029 527
大多数人是否参加	Pearson Correlation Sig. (2-tailed) N	0.101* 0.020 526	1 0.0 534	0.625** 0.000 533
是否与我自身利益相关	Pearson Correlation Sig. (2-tailed) N	0.095* 0.029 527	0.625** 0.000 533	1 0.0 535

* Correlation is significant at the 0.05 level (2-tailed).
** Correlation is significant at the 0.01 level (2-tailed).

表4-12 社会场域公共讨论参与相关分析2

		我会主动参加广场维修改造等公共事务的讨论	性别	年龄
我会主动参加广场维修改造等公共事务的讨论	Pearson Correlation Sig. (2-tailed) N	1 0. 539	-0.088* 0.045 526	0.115** 0.009 510
性别	Pearson Correlation Sig. (2-tailed) N	-0.088* 0.045 526	1 0.0 535	-0.228** 0.000 516
年龄	Pearson Correlation Sig. (2-tailed) N	0.115** 0.009 510	-0.228** 0.000 516	1 0.0 517

* Correlation is significant at the 0.05 level (2-tailed).
** Correlation is significant at the 0.01 level (2-tailed).

同时,数据分析显示,人们是否参与社会公共事务的讨论还与性别在 0.05 水平上相关,相关系数 r = −0.088;与年龄在 0.05 水平上相关,相关系数 r = 0.115,说明男性、年长者具有更高的参与水平(表 4 − 12)。

第四节 开放空间的道德取向参与

综上分析,我们可以看出,在社会场域这个开放的空间,家庭教育、惩罚因素、道德因素、诚信因素、从众因素等对人们的公共参与行为产生影响,其中道德因素对人们的公共场域参与行为影响尤其突出。用社会资本的概念来解释,可以说,在作用于公共场域的各种社会资本中,道德资本对人们的公共参与起主导型作用,人们在社会场域的公共参与是道德取向的参与。

所谓道德资本,从内涵上,它是投入经济运行过程,以传统习俗、内心信念、社会舆论为主要手段,有助于带来剩余价值或创造新价值,从而实现经济物品保值、增值的一切伦理价值符号;从外延上,它既包括一切与明文规定的各种道德行为规范体系和制度条例,又包括一切无明文规定的价值观念、道德精神、民风民俗等。从表现形态来看,道德资本在微观个体层面,体现为一种人力资本;在中观企业层面,体现为一种无形资产;在宏观社会层面,体现为一种社会资本(罗能生,2000)。从功能发挥看,道德资本和其他资本不同,它不仅是促进经济物品保值、增值的人文动力,而且也是一种社会理性精神,最终目标是为了实现经济效益和社会效益的双赢。因此,道德资本驱使人们进行社会理性选择。

在社会场域的公共参与中,尽管人们的参与水平比家庭场域、社区场域要低,但就社会场域的参与而言,肯定性参与比例高于否定性参与,说明社会场域中推动公共参与的社会资本的力量是强于阻碍公共参与的社会资本的力量的,而道德社会资本要素是其中具有支配性的力量,驱使人们的公共参与遵循社会理性选择。

通过对上述的数据分析和访谈资料的整理,我们认为,道德资本在社会公共参与场域中的作用表现在如下两个方面:

一、社会公德影响公共卫生的自觉性参与

访谈中,大部分人觉得在公共场合带走自己的垃圾,是公民应有的觉悟和意识,是一种社会公德的表现,不带走自己的垃圾是不道德的;可是,对个体而言,只是增加自己的麻烦,不能为个体带来价值。这表明,在社会场域公共卫生参与中,人们之所以"带走自己的垃圾",并不是基于考虑投入产出,期待回报高于成本的个体理性选择的结果,而是道德选择的结果。

二、职业道德影响公共卫生的干预性参与

对于是否会阻止别人破坏公共卫生的行为,大部分人持肯定态度。人们表示之所以对别人的破坏性行为进行干预,是因为"看不惯",觉得自己有责任去干预。被调查对象是教师,大多都有较强的职业使命感,因而具有较强的干预意识。然而访谈中我们发现,是否要干预人们在社会公共场域的破坏公共卫生的行为,人们会因对象而异,大部分人认为可以去干预孩子和学生,但不便干预成年人,原因有三:第一,道德品质,成年人应该能够具有判断是非的能力,其破坏公共卫生的行为,往往不是认识问题,而是本身的道德品质问题,劝说这种人遵从社会规范不会产生效果;第二,面子问题,具有正确道德观念的成年人,破坏公共卫生时被他人指责,会使他产生羞耻

感,由于面子问题,通常情况下是采取将错就错的方式应对别人的劝解,这种情况下对其进行干预往往适得其反;第三,干预反击,干预者常常担心这种干预会给自己带来不必要的麻烦,因为有可能被指责为多管闲事甚至遭受谩骂。所以,大部分教师认为有责任去教育孩子和学生,以帮助他们建立正确的道德观念,但一般不会干预成年人,以免给自己带来麻烦。

社会公德和职业道德同时作用于社会场域公共参与表明,道德资本在社会场域的重大影响。人们在社会场域的公共参与是以集体利益为导向的,是道德取向的参与。

道德资本在社会公共参与场域的不同层面的影响力不一样。研究数据显示,人们在社会场域公共参与的自觉性参与水平高于干预性参与,即人们在社会场域公共参与中,更注重自我参与,而不是干预他人。从道德层面来看,说明人们在社会场域中更注重自我的道德修养,注重自律,而不是干预他人。因此,人们在社会场域的道德取向是自律道德取向,而不是干预他人的道德取向。

这是受中国传统文化影响的结果。我们历来有强调自我修养的传统,所谓"内圣外王",所谓"己欲立而立人,己欲达而达人"都是这种思想的反映,所以,人们在自觉性参与层面,肯定性参与高于否定性参与,人们遵循社会理性的选择;但同时,中国自古以来,就有"各人自扫门前雪,莫管他人瓦上霜"的传统,人们在生活中总是奉行"多一事不如少一事"的人生信条,所以一般人都是"事不关己,高高挂起",因此,人们的干预性参与层面,否定性参与高于肯定性参与,人们遵循个体理性的选择。在社会场域的公共秩序和公共讨论的参与也是如此。和自己无关的争吵,最多去看看热闹,不必去"蹚那趟浑水",免得给自己带来麻烦;公共事务的讨论自己应该去参与,但动员别人参加就没必要，参加不参加那是别人的事，不必干涉。几乎在所有的项目中，就自我参与和干预性参与两项比较而言，人们的自觉性参与都远远高于干预性参与。因此，我们可以说，人们在社会场域的公共参与中，自律的道德倾向高于干预他人的道德倾向。

必须说明的是，人们在社会场域的道德参与带有个体理性的考量标准，会受到个人利益及信任的影响，不是完全无私、无条件的道德参与，当公共参与与个人利益有矛盾时，人们的道德参与水平降低。如在公共秩序干预性参与层面，当陌生人发生争吵时，因为担心给自己带来不必要的麻烦，大部分人会倾向于不去劝解；在公共合作参与层面，人们更愿意对自己信任的人提供帮助，面对自己不信任的对象，帮助的意愿降低。

在社会场域的公共参与中，与道德取向参与特别不合拍的是公共合作参与。数据显示，人们在社会场域公共合作中，否定性参与高于肯定性参与，即人们普遍不太愿意帮助陌生人。这是否意味着人们是基于理性的考量而缺少帮助他人的动机呢？经验告诉我们，并非如此。在公共合作中，给陌生人提供帮助，主要包括三项：一是帮陌生人指引道路或是搀扶跌倒的陌生人起来；二是给乞讨者一定的钱财；三是在慈善活动中捐财捐物。这些对于陌生人的帮助并不损失个人太多的物质利益，也不需要个人付出太多的心理成本，并在一定程度上给助人者带来心理上的满足感，但为什么总体上人们再不愿意对陌生人提供帮助呢？

访谈中我们了解到，对于指路这样的帮助，人们普遍愿意无条件提供，但对于其他的帮助则需要考虑。之所以会有这种区分，人们并不是介意自己帮助过程中的物质利益的损失，而是在意帮助过后让自己承担的利益风险或是心理风险。被访谈者普遍提到，当陌生人跌倒后，有时候不敢去扶，不是不愿意去扶，而是怕给自己带来麻烦，因为媒体上经常看到相关的报道，做好事的人被受帮助者诬为肇事者，给助人者带来很多的麻烦，结果导致人们看到类似的情形，本可以毫不犹豫地提供帮助的事情，却不得不三思而后行；而对于乞讨者，人们心理上虽然同情，但因为受骗太多或看到骗局太多，往往不敢相信那些让人同情的理由，因为那些悲惨的故事、那些残疾的表象，常常是乞讨者精心策划后用来博取人们同情的把戏。曾经有一件事，让笔者感触深刻。在一次回家的火车上，一个腿部有残疾坐在滑板上的乞讨者，用手艰难地挪动着滑板，使自己的身躯滑行在熙熙攘攘的人群中乞讨。那年轻的面孔和无比艰难的谋生方式，让笔者和在座的很多乘客都心生同情，纷纷慷慨解囊，伸出援助之手。但让人意想不到的是，火车进站时，那个刚才还坐在滑板上举步维艰的乞讨者，突然站了起来，从滑板上走下来，非常敏捷地把滑板夹在腋下，迅速地下了车，并大步流星地向出口走去，一会儿就消失在人群中了。所有看到这一场景的人都面面相觑，不少人都频频摇头，那些慷慨解囊者顿感被愚弄，纷纷表示从此再也不相信乞讨者。访谈对象中也有人谈到曾经遭遇过类似的场景，很多人认为现在的乞讨者不可信，不能让自己的同情心被愚弄。而对于有组织的慈善捐助动员，人们一般情况下也愿意捐助，不少人表示之所以不愿意捐助，是担心这些捐助的钱财，不一定会用到那些需要帮助的人身上。所以，人们之所以不愿意给陌生人提供帮助，主要不是基于利益因素，而是基于信任因素。

信任包含着一种承担风险的意愿，这种意愿是基于一种自信，自信其他人会像所期望的那样作出反应，能够以相互支持的方式采取行动，或者至少不会故意实施伤害。弗朗西斯·福山指出，信任是一种重要的社会资本。美国与日本一样是具有较高信任和较高社会资本的社会,而中国则是一个低信任度低社会资本的社会。福山分析,这种社会资本是造成中国社会和日本社会经济发展的巨大差距的主要原因。之所以中国的合作是低信任的合作,是因为中国的信任只能在家族中展开,是根据亲疏关系不同而不同的特殊信任;而美国、日本的信任则是超越血缘的普遍信任(弗朗西斯·福山,2001:125)。中国社会是以家庭为核心,以血缘关系为信任的基础,所以人们的信任也是以己为中心,呈"差序格局"向外推开,因而人们缺乏对公共领域的陌生人的普遍信任,这正是导致社会场域的公共合作普遍较低的原因。

在公共秩序和公共讨论的参与中,大多数人表示,之所以倾向于积极参与,与父母教育有较大的关系。在公共秩序层面的访谈中,许多人表示,在和陌生人发生争吵时,之所以忍让,是因为从小受父母教育的结果,是性格因素使然,是从小在家养成的习惯,所谓"退一步风平浪静,忍一分海阔天空"。中国的讲求和睦的文化是从家文化传统中延伸出来的。在家庭场域中,我们主张和为贵,"家和万事兴";在社区场域中,我们要"敦睦邻里",所谓"远亲不如近邻",这种家庭和睦观泛化到社会场域,就是"和谐社会"的观念。正是因为这种和谐社会观念的影响,所以大部分人在和陌生人发生争执的时候,选择"能忍则忍"。如果说社会场域的参与是道德取向的参与的话,那么家庭教育是影响公共道德的重要因素。

综上所述,人们在社会场域的公共参与是道德取向的参与,这种道德取向是自律性道德,是带有个人理性的考量成分的特殊信任的道德参与。家庭教育是影响人们在社会场域公共参与的重要因素。

第五节 小结

本章通过对人们在社会场域的物理空间、心理空间和行动空间公共参与行为的研究发现，在社会场域，人们在自觉性参与层面，倾向于社会理性选择；在干预性参与层面，倾向于个体理性选择。虽然社会场域的总体参与水平偏低，但肯定性参与高于否定性参与，表明人们在社会场域的公共参与总体倾向不是个体理性选择，而是社会理性选择。

分析表明，人们在社会场域的参与是道德取向的参与，并且在社会场域的道德是强调自律的道德取向，是有条件的道德取向，表现在公共合作参与中则是特殊信任的道德。家庭教育对社会公共道德产生较大影响。

因此，我们可以得出结论，人们在社会场域的公共参与总体而言，并不是个体理性选择的结果，而是社会理性选择的结果。人们在社会场域的参与是道德取向的。这种道德取向是自律性道德参与，是特殊信任的道德参与。家庭教育是影响人们在社会场域公共参与的重要因素。

第五章 社区场域参与——过渡空间的身份取向参与

前面两章分析表明,家庭场域是封闭的场域,人们在家庭场域中的公共参与是责任取向的;社会场域是开放的场域,人们在社会场域的公共参与是道德取向的。那么,在介于家庭场域和社会场域之间的社区场域,人们的公共参与是什么取向的?根据布迪厄的场域理论,每个场域都有其自身的结构和运动逻辑,各种进入场域中的关系和力量必须经过场域结构调整后才能发挥作用,那么家庭场域的责任取向的参与和社会场域的道德取向的参与,是否会影响人们在社区场域的参与?

第一节 社区场域及其性质

社区的内涵包括两大要素,一种是共同生活的区域,指任何共同生活的区域,如村庄、城镇、市区、国家,甚至更大的区域(MacIver,1917:22-23);另一种是指情感联系,如塞文·布林特提出的,社区是具有共同活动和(或)信念的,主要由情感、忠诚、共同价值和(或)个人感情(如相互性格和生活事件中的兴趣)关系相连的一群人(Brint,2001)。本书中,社区主要指属于邻里关系的人们共同居住的地域,更明确地说,是现代人们共同生活的居民住宅小区。

场域是相对独立的社会空间,因而本书将社区场域定义为社区活动中涉及的空间范围和位置及其中的关系系统,它不仅仅指社区的物理空间,也包含了社区心理空间和行动空间的范畴,类似于我们通常所说的社区领域的概念。社区物理空间是指与社区成员有权属关系的场域,是属地的概念;社区心理空间是指与社区有归属关系的交往对象,是属人的概念;而社区行动空间是指与社区有关的活动,是行为概念。这三者之间的关系是社区物理空间和社区心理空间是社区空间的静态构成,社区行动空间是社区空间的动态表现,它们共同构成社区场域的丰富内涵。

调查中,我们发现,社区场域既不同于家庭场域,也不是纯粹的公共场域,它是一种过渡性质的公共场域。无论在物理空间、心理空间还是行动空间,都呈现出过渡性。

一、社区物理空间的过渡性

社区物理空间通常是指社区成员的活动涉及各种实在物构成的地理场域,指居民户外生活空间,具体而言是指居民邻里共同生活的走廊、电梯间、广场、里弄、街巷、胡同等相对开放的场域,具有适宜的步行尺度,是邻里交往的主要场所,这是一个与社区成员之间有权属关系的空间。

社区物理空间和家庭物理空间、社会物理空间是有着明显的边界的。此处所言边界,也是指物理边界,是以门和墙隔离出一个对内开放、对外封闭的空间,同时这种边界也是一种无声的指令和规范,使人们在边界内和边界外遵循不同的行为规范。现代的住宅小区,一般以门和墙与外边明显地隔开,小区门口常常有保安看守,审查和限制非小区成员的出入。所以,就形式而言,社区物理空间首先表现为从住宅内部空间到外部公共空间之间的过渡,它为社区成员提供了地域和生活方式上的边界意识,这就是西美尔所谓之"空间的排他性",排除其他人的干涉和侵扰。外人进入这一领域将体验到进入他人私有领域的压迫感,而住区居民却产生到了家的感觉,感到安全与自信。同时它不同于个人私密空间的自在舒服,在这里要受到他人的监督与限制,因为这一空间只能与住区其他居民共享,而不能独自占有。

但同时,无论是认知层面还是行为层面,社区物理空间与家庭物理空间、社会物理空间的边界有时又有模糊性。

边界的模糊性。在问卷中,当我们对公共空间的概念进行探讨时,有42.7%的人认为家庭以外的空间都属于公共空间,还有33.8%的人认为家庭、社区和工作单位之外的空间属于公共空间(表5-1)。这表明,在一部分人心里,社区空间兼具家庭空间的私人性和社会空间的公共性,社区边界在人们的认知上是模糊的。

表5-1 在你的概念中,公共空间是

		Frequency	Percent	Valid Percent	Cumulative Percent
Valid	家庭中私人空间之外的空间	100	18.3	18.3	18.3
	家庭之外的空间	235	42.7	43.0	61.3
	社区之外的空间	26	4.7	4.7	66.0
	家庭、社区和工作单外之外的空间	186	33.8	34.0	100.0
	Total	547	99.5	100.0	
Missing	System	3	0.5		
Total		550	100.0		

关于家庭场域和社区场域的边界,我们在问卷中设置了一道题:"你家门前的楼道,是否可以随意地堆放东西",23.8%的人表示"我和邻居都可以适当地堆放东西",这一答案表明人们在一定程度上认可自己对楼道公共空间占有的合法性(表5-2);在访谈中,很多人谈到楼道问题时都表示购买住房时是为楼道的公摊面积付费了,因此楼道部分也是自己的私有财产。这说明在相当部分人看来,其实家门口楼道就是他家的一部分,家庭场域的边界是有弹性的,有时候可以延伸到社区场域。同时,对于社区物理空间和社会物理空间的边界,也存在相同的情形。问卷中,当我们问及在社区门前紧邻社区的空地,本社区的人是否可以随意停车或作其他用途时,累计有16.80%的人表示,只有我们社区的人可以停车或作其他用途,别人

表5-2 关于你家门前楼道,你的看法是

		Frequency	Percent	Valid Percent	Cumulative Percent
Valid	我可以随意堆放东西,别人不可以	9	1.6	1.6	1.6
	我和邻居都可以随意堆放东西	9	1.6	1.7	3.3
	我和别人都不可以随意堆放东西	398	72.4	72.8	76.1
	我和邻居都可以适当地堆放东西	131	23.8	23.9	100.0
	Total	547	99.4	100.0	
Missing	System	3	0.5		
Total		550	100.0		

不可以。当问及社区门外,紧邻社区的停车场是否属于社区空间时,有65%的人表示属于社区空间(表5-3)。这说明,人们在一定程度上把社区门口的一部分地方,也看成了社区空间。人们在家庭场域中的行为可以延伸到社区场域,在社区场域中的行为可以延伸到社会场域,说明社区边界在人们的行为层面也是模糊的。

表5-3 关于我们社区门前紧邻社区的空地,我的看法是

		Frequency	Percent	Valid Percent	Cumulative Percent
Valid	我们社区的人可以停车及作其他用途,别人不可以	92	16.7	16.8	16.8
	我们社区的人和其他社区的人都可以随意停车或作其他用途	117	21.3	21.5	38.3
	我们社区的人和其他社区的人都不可以停车或作其他用途	336	61.1	61.7	100.0
	Total	545	99.1	100.0	
Missing	System	5	0.9		
Total		550	100.0		

社区场域的边界因而呈现出布迪厄所谓场域的边界的特性,即不仅仅是物理边界,而是动态的边界,在每一个具体的研究事例中,表现都不一样,"你都必须努力运用各种手段来估量这种在统计上可以探明的效果开始下降的关键点"(布迪厄、华康德,1998:138),"场域的界限位于场域的效果停止的地方"(布迪厄、华康德,1998:

138)。从物理空间看,社区场域位于家庭场域和社会场域的中间地段,在人们心目中,家庭场域的边界可以向社区延伸,社区场域的边界可以向社会延伸,因此,社区场域具有过渡性。

功能的复合性。社区物理空间保证了家庭空间活动的私密性。社区空间直接包围在家庭空间之外,提供了从外部公共空间到家庭私密空间的过渡。根据人们对场所活动要求的研究显示,人们的活动从一种行为场景进入另一种行为场景时,由于前者的影响,会扼制和干扰下一行为,因此需要一种过渡场所来削弱或减少这种影响。从精神功能角度来看,这种过渡为家庭私密空间设了一道无形的保护,从外面的纷乱世界跨进社区物理空间,便感到邻里众人的监督及保护作用。也正是这种聚居产生的安全感,保证了个人及家庭私密性的需求。另一方面,社区物理空间又为人们在社区的公开行为提供了场域。社区丰富多彩的户外生活、与邻居聊天,晒太阳,看天,种花植草,修篱笆,取信件报纸,下棋,打台球,在楼底下小店买东西,游戏玩耍,看报,训斥小孩等,因为有社区物理空间的存在,才能都曝露在邻居的视线下,具有公开性的表现。所以,社区物理空间公开性和私密性共存,两者互相渗透,使社区物理空间既具有复合空间的基本特性,又具有过渡性。

行为的过渡性。在问卷中,我们用公共卫生参与题来考察人们在不同的物理空间的不同状态。对于社区场域的公共卫生,我们用"我家门前楼道的卫生,我经常进行打扫"考察人们的自觉性参与状况,用"其他人破坏我家门前楼道的卫生,我会制止"考察人们的干预性参与状况,统计结果显示,累计有67%的人表示一定会和可能会经常打扫家门前楼道的卫生,表示绝对不会打扫家门前楼道卫生的只占1.83%,并且该项目的均值为3.87,这说明,人们在社区公共卫生的自觉性参与水平较高。同时我们也看到,在社区公共卫生的干预性参与中,当有"其他人破坏我家门前楼道卫生的时候",人们表示可能会和一定会制止的累计比例占82%,均值达到4.21,两个数值都高出自觉性参与数值(表5-4)。这说明,在社区公共卫生参与中,人们的干预性参与要高于自觉性参与,显示出较高的水平,这与家庭空间是类似的。

表5-4 社区公共卫生参与

问题	频数	有效百分比(%)	累计百分比(%)
我家门前楼道的卫生,我经常进行打扫	绝对不会	1.83	1.83
	可能不会	7.95	9.79
	不确定	22.02	31.80
	可能会	37.61	69.42
	一定会	30.58	100.00
其他人破坏我家门前楼道的卫生,我会制止	绝对不会	0.90	0.90
	可能不会	4.82	5.72
	不确定	12.65	18.37
	可能会	35.24	53.61
	一定会	46.39	100.00

比较社区公共卫生参与的均值和家庭、社会公共卫生参与的均值,发现在公共卫生的干预性参与中,社区参与的分值处于中间状态,表现出过渡性,但在自觉性参与层面,社区参与在家庭场域、社会场域三个场域中分值最低,并且,社会公共卫生的自觉性参与的分值还高于家庭公共卫生的自觉性参与的分值(图5-1)。这是否表示,

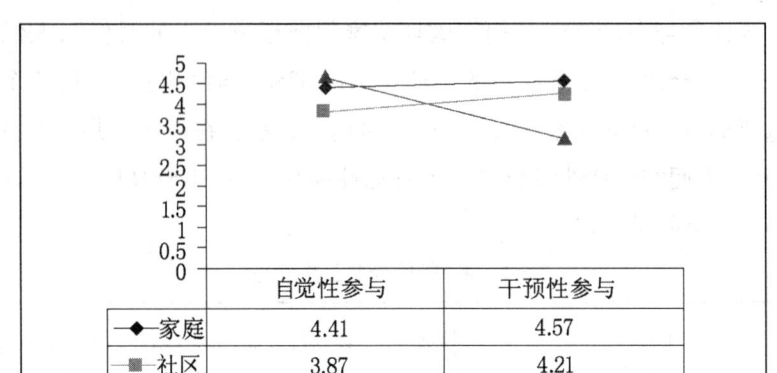

在公共卫生的自觉性参与层面,社区场域最低,而社会参与最高呢?

	自觉性参与	干预性参与
家庭	4.41	4.57
社区	3.87	4.21
社会	4.68	3.12

图 5-1　公共卫生参与比较

通过对问卷内容仔细分析,我们发现,其实不然。社区场域公共卫生的自觉性参与仍然具有过渡性,之所以出现这样的情形,是因为在公共卫生的自觉性参与层面,在家庭场域和社区场域,我们都用"我会主动打扫"来考察,而在社会公共空间中,则用"我会主动带走自己的垃圾"来考察,虽都是主动的行为,但前者是作为型主动,是一种意识上的积极卷入过程,而后者虽然也是一种主动的行为,但基本属于不作为型主动,即不破坏公共场域的卫生,自觉性程度不如前者,所以相对参与程度较高。我们在后来对新干县教师进行调查的时候,对于社会场域的公共卫生的参与增加了一道题,即"在广场、公园、街道等处,我会主动带走别人的垃圾",结果显示,家庭、社区和社会在自觉性参与层面的均值分别为4.46、4.06、3.18,社区均值处于中间状态,显示出过渡性(表5-5)。

表 5-5 家庭、社区、社会场域公共卫生参与比较

	N	Minimum	Maximum	Mean	Std. Deviation
家里的卫生,我经常打扫	215	1	5	4.46	0.936
我家门前楼道的卫生,我会经常打扫	211	1	5	4.06	1.038
在广场、公园、街道等处,我会主动带走自己造成的垃圾	212	1	5	4.48	0.879
在广场、公园、街道等处,我会主动带走别人留下的垃圾	213	1	5	3.18	1.080
Valid N (listwise)	210				

二、社区心理空间的过渡性

社区心理空间是指社区成员的交往活动涉及的与情感互动相关的心理预设的对象空间,也就是社区成员对于与什么人交往属于与社区成员的交往的界定。在社区心理空间的交往范畴内,人们有熟人意识,有集体意识,有归属感,遇到困难会守望相助,并且彼此约束,不做损害小集体利益的事。在社区物理空间的交往对象不一定属于社区心理空间的范畴,如社区成员与到社区进行促销活动的推销员的交往;不在社区物理空间的交往对象不一定就不属于社区心理空间范畴,如在公共汽车上与本社区成员交往。

邻里之间的交往规则不同于家人之间的交往规则:一方面,在交往中,彼此都保留一定的距离,不似家人般亲密无间;另一方面,对公

共利益的责任担当存在差异,人们的社区公共利益的责任意识远不如家族利益责任意识强烈。根据经验常识,我们不难发现,社区心理空间具有过渡性。问卷调查的结果也印证了这一点。

问卷中,我们用社区场域的公共秩序和公共合作来考察人们的心理空间状况,试图了解人们在社区空间的公共交往状况。

表5-6 社区场域公共秩序参与

问题	频数	有效百分比(%)	累计百分比(%)
和邻居争执的时候,我会尽量忍让	绝对不会	0.62	0.62
	可能不会	4.95	5.57
	不确定	18.58	24.15
	可能会	49.22	73.37
	一定会	26.63	100.00
邻居之间吵架,我会尽量调解	绝对不会	1.51	1.51
	可能不会	12.04	13.55
	不确定	25.90	39.45
	可能会	44.28	83.73
	一定会	16.27	100.00

社区场域公共秩序参与。在社区场域的公共秩序的参与中,我们用"和邻居争执的时候,我会尽量忍让"考察人们公共秩序的自觉性参与层面,用"邻居之间发生争执,我会尽量调解"考察公共秩序的干预性参与层面,结果如表5-6、图5-2所示,表示和邻居争执时,一定会和可能会尽量忍让的比例达到76%,均值为3.96,显示出

相对较高的参与水平,但表示一定会和可能会去调解邻居之间的争吵的累计比例为61%,均值为3.62,具有中等参与水平。可见,自觉性参与高于干预性参与。

比较家庭场域、社区场域和社会场域三大场域的公共秩序的参与均值发现,无论在自觉性参与层面还是在干预性参与层面,社区参与均值均属于中间状态,呈现出过渡性。同时,我们还发现,在自觉性参与层面,三大场域差异不大,家庭场域和社会场域均值差仅为0.48,但在干预性参与层面,家庭场域和社会场域均值差则高达1.8,社区与家庭均值差异为0.8,社区和社会均值差异为0.98,远远大于自觉性参与层面的差异。同时,家庭场域和社区场域的自觉性参与差异非常小,均值差异仅为0.14(图5-2)。

	自觉性参与	干预性参与
◆ 家庭	4.1	4.4
■ 社区	3.96	3.62
▲ 社会	3.62	2.6

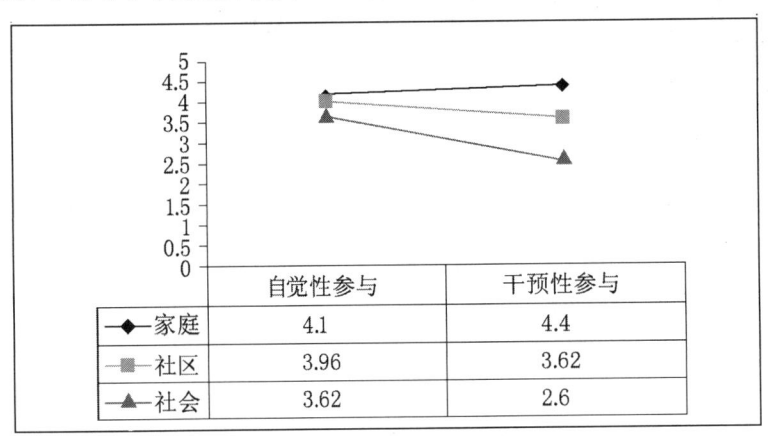

图5-2 公共秩序参与比较

社区场域公共合作参与。在社区场域的公共合作参与中,我们用"邻居向我求助,我会毫不犹豫地帮助他"考察人们的自觉性参与,用"我会劝说他人帮助陷入困境的邻居"考察人们的干预性参与(表5-7),表示可能会和一定会"毫不犹豫地帮助邻居"的占有效样本的26%,均值为3.01;表示可能会和一定会劝说他人帮助陷入困境的邻居的占有效样本的9.6%,均值为2.16,说明人们在社区场域的公共合作参与水平较低,并且自觉性参与高于干预性参与。

比较三大场域的公共合作参与均值,结果表明,社区场域和社会场域公共合作参与水平接近,二者都与家庭场域的参与差距较大,在自觉性参与层面,社区参与处于中间状态(图5-3)。

表5-7 社区场域公共合作参与

问题	频数	有效百分比(%)	累计百分比(%)
邻居向我求助,我会毫不犹豫地帮助他	绝对不会	4.01	4.01
	可能不会	21.91	25.92
	不确定	48.15	74.07
	可能会	20.68	94.75
	一定会	5.25	100.00
我会劝说他人帮助陷入困境的邻居	绝对不会	32.93	32.93
	可能不会	28.75	61.68
	不确定	28.74	90.42
	可能会	8.08	98.50
	一定会	1.50	100.00

调查中我们还发现,在公共合作干预性参与层面,社区参与低于社会参与。社会场域的干预性参与高于社区场域的干预性参与,意味着人们劝说他人帮助陷入困境的陌生人比劝说他人帮助陷入困境的邻居的倾向更强。也就是说,在公共合作参与的干预性参与层面,

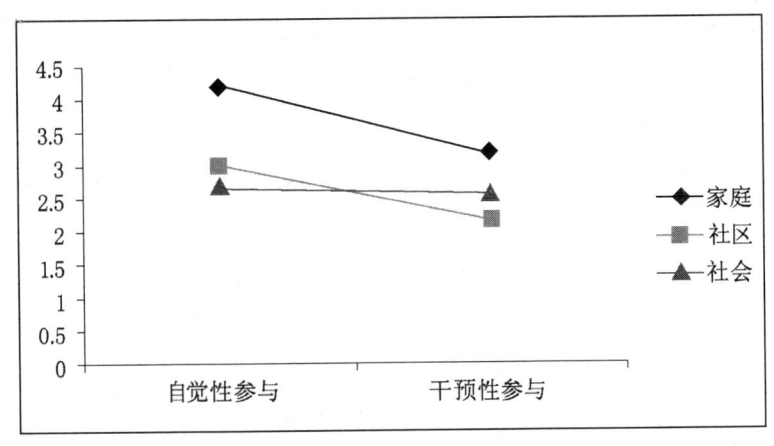

图 5-3 公共合作参与比较

社区参与程度并没有呈现过渡状态。如何解释这种例外现象呢?

在访谈中,我们发现,人们不愿意动员别人帮助邻居,主要基于以下原因:第一是基于面子因素,因为在劝说别人去帮助邻居时,一般是在自己已经对邻居提供帮助的前提下,如果自己没有提供帮助,一般不好意思去劝说别人提供帮助;第二是效果因素,人们觉得帮助别人是一种自觉自愿的行为,别人劝说的效果不大;第三是评价因素,人们认为不是关乎自己的事情,劝说别人提供帮助会让人觉得多管闲事,招致别人反感;第四是代价因素,帮助邻居有时需要付出较大代价,如邻居陷入经济困境,需要帮助,劝说别人提供帮助会让帮助者承担风险,劝说者也需承担一定的心理压力。

人们更倾向于动员别人帮助陌生人,主要是基于以下原因:第一是因为帮助陌生人相对较为容易,如问路等,即使是要求经济上的资助,也是相对较小的数目,相对较容易做到;第二是因为帮助陌生人能够给帮助者带来道德上的高尚感,所谓"赠人玫瑰,手有余香",所以,劝说别人帮助陌生人时,一般没有太大的心理压力;第三,一般人总是在自己已经提供帮助的情况下,才劝说别人提供帮助,如慈善募捐,号召他人捐款者一般自己已经捐款了,在有榜样行为的劝说下,容易产生模仿效应,效果较好;并且实际上很多人本身就有帮助陌生人的意愿,只是不知选择什么样的表达方式,别人的动员正好帮助他作一个选择。

综合而言,对于是否动员别人帮助邻居,人们较多地从自己的立场考虑,即是否会损失自己的面子,是否影响别人对自己的评价,是否要承担心理压力。但在社会场域,对于是否动员别人帮助陌生人,人们则主要站在帮助者的角度进行思考,认为既不需要付出太大的代价,又能成就道德上的高尚感;并且,这种动员行为也为那些想帮助别人的人提供一个合适的途径。也就是说,人们不愿意动员别人帮助邻居主要是怕给自己带来麻烦,而愿意动员别人帮助陌生人主要是觉得自己是在做好事。

由此可见,在公共合作的干预性参与中,人们在社区场域和社会场域遵循的是不同的规则,在社区场域,人们重视的是自己的身份、面子等因素,在社会场域,人们强调的是可否获得道德上的愉悦。因此,总体而言,无论在公共秩序还是公共合作参与中,社区参与均值都处于家庭参与和社会参与的中间状态。

三、社区行动空间的过渡性

社区行动空间是指社区成员开展活动的内容空间,即社区成员对于哪些活动属于社区公共活动的认识。人的社区活动分为三种类型:必要性活动,即小区居民每天必须参加的活动,如上班、上学、购物等;自发性活动,即在人们有参与愿望的情况下才会发生的活动,如散步、驻足观望、坐下来晒太阳等;社会性活动,指有赖于他人参与的各种活动,如互相打招呼交谈、儿童游戏以及其他各种公共活动等。此处所指的活动为第三类社会活动。

在社区场域的公共讨论的参与中,我们用"我会主动参加社区公共事务的讨论"考察人们的自觉性参与,用"我会劝说其他社区成员参加社区公共事务的讨论"考察人们的干预性参与,表示一定会和可能会主动参加社区公共事务讨论的成员占有效样本的56%,均值为3.57;表示会劝说其他社区成员参加社区公共事务讨论的成员仅占有效百分比的24%,均值为2.64(表5-8)。这表明,在社区公共讨论的参与中,自觉性参与程度一般,而干预性参与程度偏低,自觉性参与程度高于干预性参与程度。

表5-8 社区场域公共讨论参与

问题	频数	有效百分比(%)	累计百分比(%)
我会主动参加社区公共事务的讨论	绝对不会	0.90	0.90
	可能不会	16.82	17.72
	不确定	25.82	43.54
	可能会	37.54	81.08
	一定会	18.92	100.00
我会劝说其他社区成员参加社区公共事务的讨论	绝对不会	16.15	16.15
	可能不会	31.99	48.14
	不确定	27.64	75.78
	可能会	19.87	95.65
	一定会	4.35	100.00

比较家庭、社区、社会三大场域的公共讨论参与的均值，我们可以看出，无论是自觉性参与层面还是干预性参与层面，都是家庭场域高于社区场域，社区场域高于社会场域，社区场域的得分处于中间状态（图5-4）。并且，无论是自觉性参与层面还是干预性参与层面，社区和社会参与的均值都非常接近，对两者进行相关分析，发现社区公共讨论和社会公共讨论在0.01水平上显著相关，相关系数 r = 0.520，这说明社区和社会在公共讨论的参与上具有较大的趋同性。

	自觉性参与	干预性参与
◆ 家庭	4.53	3.2
■ 社区	3.57	2.64
▲ 社会	3.31	2.55

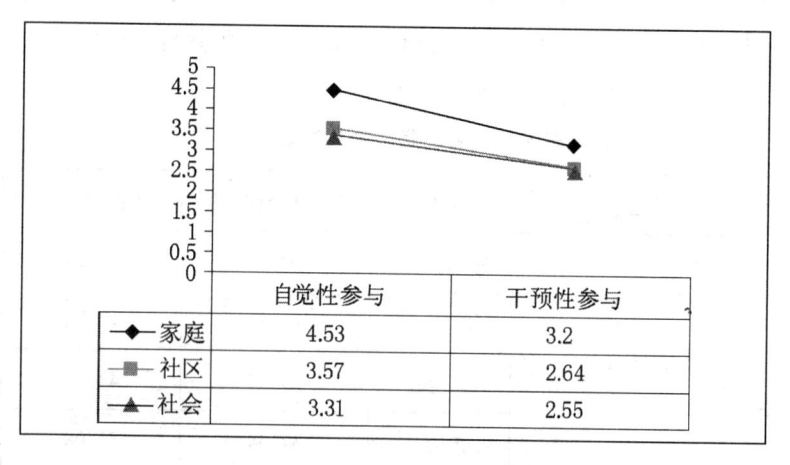

图 5-4　公共讨论参与比较

第二节　社区场域公共参与的特点

一、社区场域公共参与具有过渡性

比较人们在家庭、社区、社会三大场域的参与状况，我们发现，人们在家庭、社区和社会中的参与程度的均值分别为32.87、26.90、

25.10,这表明人们在家庭中的参与程度要高于人们在社区中的参与程度,在社区中的参与程度又高于在社会中的参与程度。图5-5揭示了在具体参与项目的比较上也是相同的结果,除了公共合作项目社会略高于社区外,公共卫生、公共秩序、公共讨论三大项目参与的均值,社区空间参与的均值都介于家庭空间参与和社会空间参与之间,这说明社区场域具有过渡性。

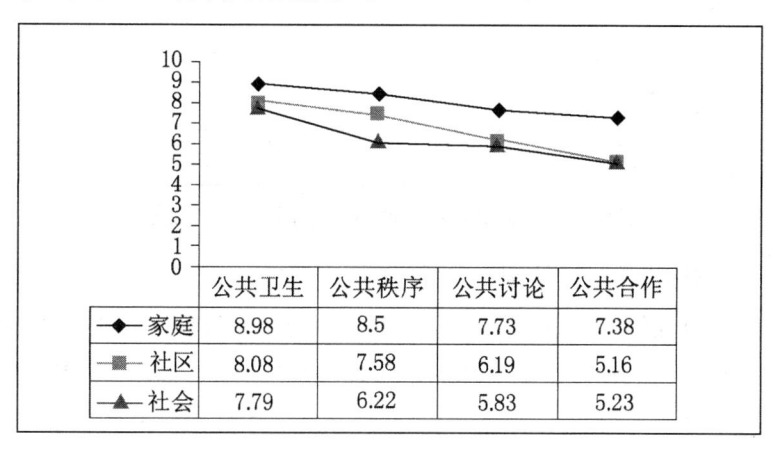

	公共卫生	公共秩序	公共讨论	公共合作
家庭	8.98	8.5	7.73	7.38
社区	8.08	7.58	6.19	5.16
社会	7.79	6.22	5.83	5.23

图5-5 家庭、社区、社会公共参与比较

二、社区场域的自觉性参与高于干预性参与

将社区场域四个项目的自觉性参与的均值相加,分值为14.38,而干预性参与层面的均值相加,分值为12.54。因此,就总体而言,在社区场域的公共参与中,自觉性参与高于干预性参与。这一趋势在公共秩序、公共讨论和公共合作中都相同,只是在公共卫生的参与中例外,在公共卫生的参与中,干预性参与高于自觉性参与,与家庭场域的参与呈现出相同的趋势(图5-6)。具体分析中发现,在社区场域的参与中,虽然总体上具有上述两种趋势,但还存在两个例外情

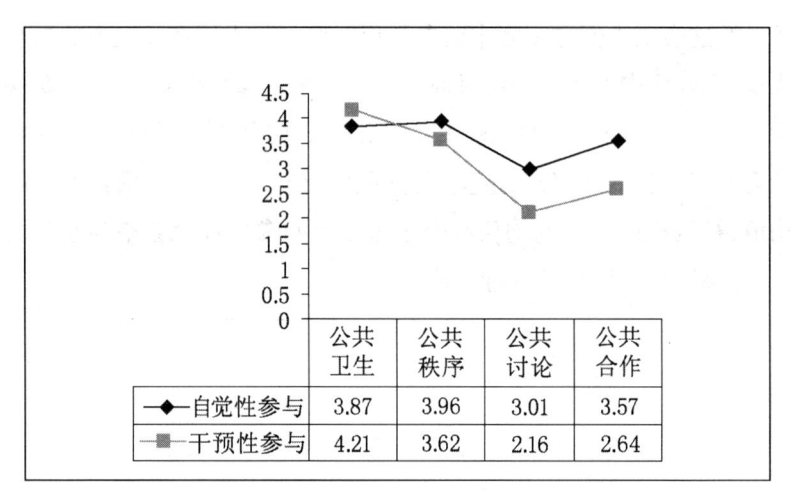

	公共卫生	公共秩序	公共讨论	公共合作
自觉性参与	3.87	3.96	3.01	3.57
干预性参与	4.21	3.62	2.16	2.64

图 5-6 社区场域自觉性参与与干预性参与比较

形,本书称之为过渡性例外和干预性例外。

过渡性例外:在对每个具体项目具体分析时发现,在公共卫生的自觉性参与层面和公共合作的干预性参与层面,社会场域的参与高于社区场域的参与。

干预性例外:在社区公共卫生参与中,干预性参与程度高于自觉性参与程度。

第三节 影响社区场域公共参与的因素

在问卷中,我们同样对社区公共参与的每个项目都设置了相关题项,即要求被调查者自己判断,不同的要素决定其某项公共参与行为的重要性。根据前期访谈中提及的内容,我们把影响家庭场域公共参与项目的原因设计为如下因素:性格因素、父母教育因素、从众因素、惩罚性因素、道德感因素、印象管理因素等。问卷中性格因素表示为"我的性格";父母教育因素表示为"父母的教育";从众因素表示为"因为家庭成员都是这么做的";惩罚性因素表示为"我不这么做,会受家人责罚";道德感因素表示为"我不这么做,良心不安";印象管理因素表示为"我想给家人留下好印象"。本书以五分量表的形式要求被调查者作答,以确定每种要素的重要性程度。选择 1 表示"根本不重要";选择 2 表示"不重要";选择 3 表示"一般";选择 4 表示"重要";选择 5 表示"特别重要"。

对社区参与的四个项目进行统计,每个项目均值最高的项目如表 5-9 所示:

表 5-9 影响社区场域公共参与的因素分析

	最重要的影响因素	均值	标准差
社区公共卫生	父母的教育	3.76	0.826
社区公共秩序	他是否有理	4.08	0.845
社区公共讨论	我的家庭教育	2.38	0.997
社区公共合作	他是否诚信	4.19	0.843

在社区场域的公共参与中,人们认为公共卫生的参与主要是受"父母的教育"的影响,而公共秩序的参与主要取决于"他是否有理",影响公共讨论的参与主要因素为"我的家庭教育",而影响公共合作参与的主要因素为"他是否诚信"。这些得分最高项目是否与人们的实际行为有关联呢?

一、社区公共卫生参与:父母的教育与道德感影响并重

从表 5-9 可以看出,在社区公共卫生参与中,得分最高的是"父母教育",均值为 3.76,这表明多数人认为家庭教育对其在社区的公共卫生影响较大。在与实际行为进行相关分析中得到相同的结

论,"我家门前楼道的卫生,我会经常打扫"与"父母的教育"选项在0.01水平上显著相关,相关系数 r = 0.134,说明越是认为父母的教育重要的人,越倾向于经常打扫家门前楼道的卫生。但同时我们还看到,在实际行为中,社区公共卫生的自觉性参与还与道德因素在0.01水平上相关,相关系数 r = 0.164。这显示越是认为道德因素重要的人参与程度越高。表明人们视打扫楼道的公共卫生,维护楼道的卫生为自己的责任,不维护楼道卫生是不道德的,这使人们对社区公共卫生具有较高的参与意识(表5-10)。

表5-10 社区场域公共卫生参与相关分析1

		我家门前楼道的卫生,我会经常打扫	父母的教育	如果我不这样做,我心里不安
我家门前楼道的卫生,我会经常打扫	Pearson Correlation Sig. (2 - tailed) N	1 0.0 538	0.134** 0.002 533	0.164** 0.000 531
父母的教育	Pearson Correlation Sig. (2 - tailed) N	0.134** 0.002 533	1 0.0 543	0.141** 0.001 541
如果我不这样做,我心里不安	Pearson Correlation Sig. (2 - tailed) N	0.164** 0.000 531	0.141** 0.001 541	1 0.0 541

** Correlation is significant at the 0.01 level (2 - tailed).

社区公共卫生的干预性参与也与父母的教育和道德因素相关。"其他人破坏我家门前楼道的卫生,我会制止"与"父母的教育"在0.05水平上相关,相关系数为0.087;与"如果我不这样做,我心里不安"在0.01水平上相关,相关系数为0.117(表5-11)。

表5-11 社区场域公共卫生参与相关分析2

	其他人破坏我家门前楼道的卫生，我会制止	父母的教育	如果我不这样做,我心里不安
其他人破坏我家门前楼道的卫生，我会制止 Pearson Correlation Sig. (2 - tailed) N	1 0.0 545	0.087* 0.044 539	0.117** 0.006 537
父母的教育 Pearson Correlation Sig. (2 - tailed) N	0.087* 0.044 539	1 0.0 543	0.141** 0.001 541
如果我不这样做，我心里不安 Pearson Correlation Sig. (2 - tailed) N	0.117** 0.006 537	0.141** 0.001 541	1 0.0 541

* Correlation is significant at the 0.05 level (2 - tailed).
** Correlation is significant at the 0.01 level (2 - tailed).

以上数据分析表明,父母的教育和道德意识是影响人们社区公共卫生参与的重要因素。

二、社区公共秩序参与:性别、年龄影响

对于社区公共秩序的自我归因,仍然是价值观因素"他是否有理"均值最高,为4.08分,与家庭公共秩序的参与较为一致。但是,当我们把自我归因项目与实际行为选择进行相关分析时却发现,社区公共秩序的参与与情感性因素、工具性因素、价值观因素、印象管理因素及权威性因素均不相关,这与家庭公共参与也是一致的,一方面表明,人们对待家人和邻里具有共同性;另一方面也表明,与邻居发生矛盾时,更重视自己内心的感受,而不是环境及他人给予的心理

压力,这也表明人们的自我意识的提升。

表 5 – 12 社区场域公共秩序参与相关分析

		社区公共秩序	性别	年龄
社区公共秩序	Pearson Correlation Sig. (2 – tailed) N	1 0.0 531	-0.109** 0.000 516	0.228** 0.000 501
性别	Pearson Correlation Sig. (2 – tailed) N	-0.109** 0.000 516	1 0.0 535	-0.228** 0.000 516
年龄	Pearson Correlation Sig. (2 – tailed) N	0.228** 0.000 501	-0.228** 0.000 516	1 0.0 517

** Correlation is significant at the 0.01 level (2 – tailed).

性别与社区公共秩序参与在 0.01 水平上相关,相关系数 r = -0.109,说明男性的参与水平高于女性,也就是说,邻里之间吵架,男性比女性更倾向于调解(表 5 – 12)。

年龄与社区公共秩序在 0.01 水平上显著相关,与自觉性参与的相关系数 r = 0.228,表明年纪越大的人,维持邻里和睦的意愿越强,越倾向于忍让和调解邻里纠纷。

三、社区公共讨论参与:性别、年龄、邻里状况影响

在社区公共讨论参与的自我归因中,得分最低的项目是家庭教育,均值为 2.38 分,因为该项目是反向取值,说明该因素该项目是人们认为的参与社区公共讨论的最重要的因素。那么该因素在实际行为中是否有影响呢? 把参与社区活动自我归因的六个项目与社区公

共讨论的两个层次分别作相关分析,所有因素均不相关,说明这些因素在社区公共讨论的参与中影响都不太大。

但将个人基本信息与社区公共讨论的两个项目作相关分析,则发现性别、年龄及邻里状况与社区公共讨论状况具有相关性。

社区公共讨论参与与性别在 0.01 水平上相关,相关系数为 r = -0.160;与年龄在 0.01 水平上正相关,相关系数 r = 0.207;这说明男性比女性、年长者比年轻人更热心参与公共事务的讨论。

表 5 - 13 社区场域公共讨论相关分析

		社区公共讨论	性别	年龄	邻里之间的状况
社区公共讨论	Pearson Correlation Sig. (2 - tailed) N	1 0.0 530	-0.160** 0.004 517	0.207** 0.000 500	-0.133* 0.019 517
性别	Pearson Correlation Sig. (2 - tailed) N	-0.160** 0.004 517	1 0.0 535	-0.353** 0.000 516	0.025 0.653 533
年龄	Pearson Correlation Sig. (2 - tailed) N	0.207** 0.000 500	-0.353** 0.000 516	1 0.0 517	-0.112* 0.046 516
邻里之间的状况	Pearson Correlation Sig. (2 - tailed) N	-0.133* 0.019 517	0.025 0.653 533	-0.112* 0.046 516	1 0.0 535

** Correlation is significant at the 0.01 level (2 - tailed).
*   Correlation is significant at the 0.05 level (2 - tailed).

其次,社区共同讨论参与还与邻里状况在 0.05 水平上相关,相关系数 r = -0.133,这表明邻里是熟人的环境人们劝说他人参与公共讨论的概率更高,说明在一个身份明确的环境中,人们更有公共意识公共责任感和公共参与精神(表 5 – 13)。

四、社区公共合作参与:情感影响

虽然人们关于社区公共合作的自我归因在六个项目中的最高分是诚信因素,均值为 4.19 分,但将这六个选项与人们的实际行为取向作相关分析,我们发现与人们社区公共合作相关的因素是良心因素,"邻居陷入困境向我求助,我会毫不犹豫地帮助他"与"不帮助受良心谴责"在 0.05 水平上相关,相关系数 $r = 0.088$,说明越是认为良心因素重要的人,在邻居陷入困境时,更倾向于伸出援助之手。

将社区公共合作项目与个人基本信息作相关分析,发现公共合作参与与性别、年龄、邻里状况在 0.01 水平上相关,相关系数分别为 −0.139、0.197 和 0.155,说明男性、年长者及邻里是熟人的社区公共合作的自我参与程度更高。总体而言,男性比女性,年长者比年轻人,熟人社区比陌生人社区更愿意为邻居提供帮助(表 5 – 14)。

关于年龄、性别、与社区公共合作参与的相关,同样可以用身份去解释,即认为自己社会身份较高者更愿意帮助邻居。但同时,对于邻里之间的状况与社区公共合作的参与的相关,笔者以为更重要的是情感因素,因为我们更愿意帮助熟人,是因为熟人与自己是有情感联结的,情感越深,获取帮助的可能性也就越大,这也可以解释为什么邻居是同事比邻居是一般熟人的社区更能激发人们社区合作的参与。事实上,人们社区公共合作参与也是非常重视情感因素的,除了诚信因素外,情感因素均值排在第二位,为 3.69 分,这也说明了情感在社区合作中的重要影响。

表 5-14 社区地场域公共合作相关分析

		社区公共合作	不帮助他是否心里不安	性别	年龄	邻里之间的状况
社区公共合作	Pearson Correlation Sig. (2-tailed) N	1 0.0 532	0.088* 0.046 519	-0.139** 0.001 519	0.197** 0.000 503	-0.155** 0.000 519
不帮助他是否心里不安	Pearson Correlation Sig. (2-tailed) N	0.088* 0.046 519	1 0.0 535	-0.004 0.933 527	-0.009 0.836 510	0.019 0.667 527
性别	Pearson Correlation Sig. (2-tailed) N	-0.139** 0.001 519	-0.004 0.933 527	1 0.0 535	-0.228** 0.000 516	0.036 0.410 533
年龄	Pearson Correlation Sig. (2-tailed) N	0.197** 0.000 503	-0.009 0.836 510	-0.228** 0.000 516	1 0.0 517	-0.057 0.199 516
邻里之间的状况	Pearson Correlation Sig. (2-tailed) N	-0.155** 0.000 519	0.019 0.667 527	0.036 0.410 533	-0.057 0.199 516	1 0.0 535

* Correlation is significant at the 0.015 level (2-tailed).
** Correlation is significant at the 0.01 level (2-tailed).

第四节 过渡空间的身份取向参与

上述分析表明,性别、年龄及邻里状况是影响社区公共参与的重要因素,且这些因素与个体身份密切相关,因此可以说,在社区场域这个过渡的空间中,身份因素对人们的公共参与产生较大影响,人们在社区场域的参与是身份取向的参与。

所谓身份是指"自我"(行为主体)所具有的和展示出的个性与

区别性形象,这种形象是通过与"他者"(其他行为主体)的关系形成的。通过上一节分析,我们可以发现,影响人们在社区场域公共参与的身份主要是以下几类:

性别身份。在归因分析中,我们发现性别身份与社区公共参与的三个项目相关,性别与社区公共秩序的干预性参与在0.05水平上相关,相关系数 $r = -0.109$;社区公共讨论的自觉性参与与性别在0.01水平上相关,相关系数为 $r = -0.119$;社区公共合作的干预性参与则与性别在0.05水平上相关,相关系数是 $r = -0.138$。这表明,在社区场域公共参与中,男性比女性具有更高的参与水平,即邻里之间吵架,男性比女性更倾向于调解;男性比女性更热衷于参与社区公共事务的讨论;男性比女性更倾向于劝说别人帮助陷入困境的邻居。

男性比女性更愿意参与到社区公共事务中应是社会性别影响的结果。传统中国是父权制社会,男尊女卑,男主外,女主内,因此,女性更多的作为表现在家庭领域和私人空间,而对外的公共事务,则依赖男性。所以,在传统文化中,对于男性参与公共事务都有角色期待,男性也因此感受到更多的责任,一般男性在公共事务上的参与高于女性。现代社会虽讲究男女平等,但男女社会性别意识的差异在公共参与中仍有体现。

熟人身份。归因分析也揭示了邻里状况与社区公共讨论参与、社区公共合作参与相关,公共合作的自觉性参与和邻里状况在0.01水平上相关,相关系数为 -0.112,社区公共合作的干预性参与和邻里状况在0.05水平上相关,相关系数是 $r = -0.128$。邻里是熟人的社区公共合作的干预性参与程度高,表明邻里是熟人的比邻里是陌生人的更愿意参与社区公共事务的讨论,更愿意为邻居提供帮助。

熟人身份对公共参与的影响主要体现在两个方面：一是情感因素的影响，在公共秩序和公共合作的参与中，受传统文化的人情面子影响，人们在与邻居发生争吵时的忍让程度及在邻居发生困难时的帮助程度也相对较高；二是印象管理因素的影响，因为邻里是熟人的居民，身份非常明确，所以在公共卫生的参与中，由于害怕熟人的不良评价会影响自身的形象，人们会较为自律；在公共讨论的参与中，基于从众心理的压力，人们会相对比较热情。明确的身份带来的是熟人社会的约束，因而邻里是熟人的居民公共参与热情较高。

权威身份。统计数据显示，社区公共讨论的自觉性参与和年龄在0.01水平上正相关，相关系数 r = 0.219，这说明年长者比年轻人更热心参与公共事务的讨论。社区公共合作的自觉性参与和年龄在0.01水平上相关，相关系数为0.131，说明年龄大者在社区公共合作的自我参与程度更高，年长者身份对公共事务有更多的责任担当。

韦伯把权威分为传统权威、感召权威和合法权威三种类型。传统权威是"人们对古老传统的神圣性以及实施权威者合法地位的牢固信念"（刘少杰，2006：102）的社会控制形式，它是与传统社会行动相统一的；感召权威则是以领袖的非凡才能为根据行使政治权力的社会控制形式，"感召力是指个人人格的某种品质，他由于这种人格品质而区别于普通人，他被认为是具有超自然的、超人的或至少特别非凡的品质和能力"（Weber，1947：358）。合法权威则是以正式法规为基础的社会控制形式，无论是统治者行使权力还是被统治者认可权力，都要以法律规则为依据（刘少杰，2006：102）。从行使权威者的身份而言，我们可以把年长者视为传统权威，把具有较强能力的人视为感召权威，在公共讨论中，我们看到，年长者比年轻人有更高的参与热情。虽然我们在问卷中没有设计感召权威，但根据经验常识，我们知道,一般在公共讨论中,有能力、有见识者比一般人更为活跃,其他参与者也对这种有能力、有见识的人有较高的期待,这可以视为感召权威的表现。因此,我们可以说,拥有权威身份的人比普通人参与热情更高。因为普通人常常对权威者产生权威崇拜和权威依赖,而权威者在人们的期待中,对公共事务能产生更多的责任担当。

在场域惯习理论中,身份意味着占据了场域中特定的位置,占据不同的位置,就占有不同的社会资源和权利资本,并且,他们也只有获得某种社会资源和权利资本才能占有某种社会位置。但"因为位置含有资源和权利成为场域内矛盾冲突的焦点,在复杂的社会斗争中,位置处于持续的变易之中"(刘少杰,2006:347),所以,要想持续地占有这些特别的位置,占有这些权利和资本,只有在行为上不断地对这些社会资本进行投资,使他们升值。传统文化给男性和年长者提供了威望和尊重的资本,给熟人提供了信任和互惠的社会资本,但要维持这种社会资本,也需要行动者个体的不断投入。因此,在公共参与中,男性、年长者为了符合其角色和身份,继续赢得威望和尊重,不得不在公共事务中投入更大的热情;而熟人相对于陌生人而言,为了维持信任和互惠等社会资本,也需要不断地用行为强化其熟人的身份,以持续拥有信任和互惠等社会资本,所以邻里关系是熟人的比邻里关系是陌生人的,更愿意投入到公共事务中去。因此,我们可以说,身份是社区公共参与场域的重要资本。

黄光国指出:"个人与任何人交往时,都应当从亲疏和尊卑两个社会认知向度来衡量彼此间的角色关系,前者指彼此关系的亲疏远近,后者指关系的尊卑上下。"(黄光国,2004:65)也就是说,一般人的身份由两个维度决定,横向的是亲疏关系,纵向的是尊卑关系。社区场域的公共参与之所以呈现出过渡性的特征,主要是由参与者的亲疏身份决定的，费孝通以"差序格局"来形容中国人如何对待与自己有着不同亲疏关系的对方（费孝通，1998：35）。在这种人伦关系中，社区场域中的人与人之间的关系正是介于家庭伦和社会伦的过渡伦，因而人们的互动法则也介于家庭场域和社会场域之间，所以社区场域的公共参与呈现出过渡性。中国传统文化是讲究等级秩序的文化，强调的君为臣纲，父为子纲、夫为妻纲，用宗法的原则规定人的等级差别，由此形成的权威观念使人们习惯顺从，顺从君主、长者、男性，表现在行为中则是习惯自己的行为被人干预，而不是去干预别人的不良行为，并且一般人也只接受具有权威身份的人的干预。这意味着，传统文化赋予了权威身份干预他人的权力，不具备权威身份，干预他人的行为一般不被认可。所以在社区公共参与的访谈中，人们表示之所以不干预他人，主要基于两个原因：第一是身份不能，认为公共的事情应该由政府、由居委会、由物业管理等相关的管理机构管理，普通居民去干预似乎名不正言不顺；第二是身份力量不够，比如有人破坏公共卫生，虽然人们认为自己有资格、有身份去干预，但不具备权威身份的人干预的效果往往不好。被干预者常常不但不接受劝告，而且对干预者进行诋毁和攻击。因此，我们说，身份是社区公共参与场域的重要资本，社区场域公共参与是身份取向的参与。

第五节　小结

分析社区场域中的物理空间、心理空间、行为空间，我们发现社区场域具有过渡性，并且在社区场域中，人们自觉性参与程度高于干预性参与程度。

通过对社区场域公共参与的相关分析，笔者发现，社区公共卫生的参与与父母的教育和道德感相关显著;社区场域公共秩序参与,与性别、年龄相关显著;社区场域公共讨论参与,与性别、年龄和邻里状况相关显著;而社区场域公共讨论参与,与良心、身份和邻里状况相关显著。

  人们在社区场域的公共参与状况主要是由身份决定的,社区场域参与的身份取向表现为性别身份、熟人身份和权威身份。社区场域的过渡性特征是因为亲疏身份影响,自觉性参与高于干预性参与是因为尊卑身份影响。

第六章 家庭、社区、社会场域公共参与的比较分析

在前三章中,我们分别讨论了家庭场域、社区场域、社会场域的公共参与状况,并得出结论:家庭场域是封闭空间,人们在该场域中的公共行为是责任取向的;社会场域是开放空间,人们在该场域中的公共行为是道德取向的;而社区场域是过渡空间,人们在该场域中的参与行为是身份取向的。本章我们将对三大场域中的公共行为进行比较,以明确其差异性与趋同性。

第一节 家庭、社区、社会场域公共参与的差异性

经验常识告诉我们,人们在家庭空间、社区空间和社会空间的参与行为是有差异的,因为这三大空间在人们心里存在边界,既有物理上的边界,也有心理上的边界。就物理边界而言,家里的门和墙构成家庭空间与社区空间的边界,社区的门和墙构成社区空间与社会空间的边界。心理边界则按照关系来划分,家人关系构成家庭空间,邻里关系构成社区空间,陌生人关系构成社会空间。不同的空间场域和不同的人际关系,构成人们不同的互动规则。黄光国指出,在家庭空间,与家人的互动遵循"需求法则";在社区空间,与邻里之间的互

动遵循"人情法则";在社会空间,与陌生人的互动遵循"公平法则"(黄光国,2004:89)。我们将人们在三大空间的参与进行配对样本检验,数据分析表明,人们在三大场域的参与行为存在显著差异性(表6-1、表6-2)。

表6-1 家庭、社区、社会场域成对样本 t 检验

	Paired Differences					t	df	Sig. (2-tailed)
	Mean	Std. Deviation	Std. Error Mean	95% Confidence Interval of the Difference				
				Lower	Upper			
Pair 1 家庭场域 – 社区	5.950	5.392	0.321	5.318	6.582	18.532	281	0.000
Pair 2 家庭场域 – 社会	7.841	5.871	0.345	7.161	8.521	22.704	288	0.000
Pair 3 社区场域 – 社会	1.809	4.086	0.239	1.339	2.279	7.578	292	0.000

表6-2 家庭、社区、社会场域均值比较

	N	Minimum	Maximum	Mean	Std. Deviation
家庭场域	504	18.00	40.00	32.7302	3.40252
社区场域	504	15.00	38.00	27.3452	4.45296
社会场域	524	9.00	40.00	25.4294	4.88420
Valid N (listwise)	456				

总结比较家庭场域、社区场域和社会场域的公共参与状况,我们发现,人们在三大场域的参与行为是有差异的。从三大场域的参与均值比较我们可以看出,人们在三大场域的参与水平是家庭场域参与最高,其次是社区场域,再次是社会场域,其构成类似于费孝通先生的差序格局,即以家庭场域为中心,半径越短,参与水平越高。

家庭场域中的责任取向意味着人们对家庭公共事务的无条件参

与,是完全的责任;而社区场域参与的身份取向意味着对于社区公共事务,人们只是根据自己的身份承担相应的责任,如性别身份、权威身份、熟人身份。其中影响最大的是熟人身份。生活在熟人世界的人们关注自己在他人眼中的印象,并希望持续地占有尊重、威望等社会资本,所以对公共事务相对较为热情。但就责任而言,只是承担部分的责任,人们只是在自己具有长者、权威或熟人的身份的时候才感受到责任的存在,不具有这种身份,则没有责任。因此,身份取向的参与是有限的责任。社会场域的道德取向意味着对于社会场域的公共事务只是出于道义上的责任,这种责任完全来自于自己内心的良知,不一定要接受他人的评价。因此,也可以说,对于社会公共事务,人们没有参与的义务和责任,是否参与,全凭自身的意愿。所以,责任—身份—道德的过渡,也是从完全责任—有限责任—自主责任的过渡,对于公共参与而言,是约束力逐渐减弱,而自由度逐渐增强的过渡。

第二节 家庭、社区、社会场域公共参与的趋同性

虽然就公共参与场域的结构而言,人们在三大场域的参与行为存在差异性,不同的公共参与场域本身,就存在不同的逻辑规则。但对于参与个体来说,其参与行为是有趋同倾向的。

一、个体参与的趋同性

对家庭场域、社区场域、社会场域的参与均值进行相关分析(表6-3),可以看出,人们在家庭空间、社区空间和社会空间的参与行

为在0.01水平上显著相关,家庭空间与社区空间的相关系数 r = 0.502,家庭空间和社区空间的相关系数 r = 0.391。家庭空间、社区空间和社会空间在参与上的正相关关系表明,虽然人们的行为在三大空间的差异是存在的,但行为表现在空间中具有延伸性,即统计学上的相关性。也就是说,家庭参与程度高的人,社区参与程度也高,同时社会参与程度也高。这说明,人们在三大场域的参与行为具有一定程度的趋同性。这一点,在参与的四个具体项目中也得到了验证。

表6-3 个体参与的相关因素分析

		家庭场域	社区场域	社会场域
家庭场域	Pearson Correlation Sig. (2 - tailed) N	1 0.0 504	0.502** 0.000 469	0.391** 0.000 487
社区场域	Pearson Correlation Sig. (2 - tailed) N	0.502** 0.000 469	1 0.0 504	0.656** 0.000 490
社会场域	Pearson Correlation Sig. (2 - tailed) N	0.391** 0.000 487	0.656** 0.000 490	1 0.0 524

** Correlation is significant at the 0.01 level (2 - tailed).

家庭公共卫生的参与与社区公共卫生参与、社会公共卫生的参与在0.01水平上相关,家庭场域公共卫生参与与社区场域的公共卫生的参与相关系数 r = 0.314,家庭场域公共卫生参与与社会场域公共卫生参与相关系数 r = 0.224,相关性显著。

把家庭公共秩序参与与社区公共秩序参与、社会公共秩序的参与作相关分析,发现家庭公共秩序的参与与社区公共秩序参与、社会公共秩序的参与在0.01水平上显著相关,相关系数分别为0.205和0.188,相关性显著。

家庭公共讨论与社区公共讨论、社会公共讨论在0.01水平上显著相关,相关系数分别为家庭和社区为0.297,家庭和社会为0.268。相关性显著。

家庭公共合作与社区公共合作在0.01水平上显著相关,相关系数为0.166,但与社会公共合作不相关。

从上述数据可以看出,除了家庭公共合作参与与社会公共合作参与不相关,其他的家庭场域公共参与项目均与社区、社会同等公共参与项目呈现出正相关,并且相关性显著,说明在家庭场域参与程度高的人,在社区场域参与程度也高,在社会场域参与程度也高。这表明,人们在家庭场域的参与行为不但可以延伸到社区,也可以延伸到社会,即个体的参与行为在三大场域具有趋同性。

二、参与逻辑的趋同性

家庭空间、社区空间、社会空间的参与在具体项目排序上呈现出高度的一致性,即公共卫生参与最高,公共合作参与最低,参与均值的排序都是公共卫生、公共秩序、公共讨论、公共合作。这说明社区和社会公共空间参与的内在逻辑与家庭公共空间参与的内在逻辑是一致的,这进一步说明了人们在家庭空间参与行为的延伸性特点(图6-1)。

三、影响因素的趋同性

经过统计,我们发现,在四个项目的公共参与中,人们认为影响

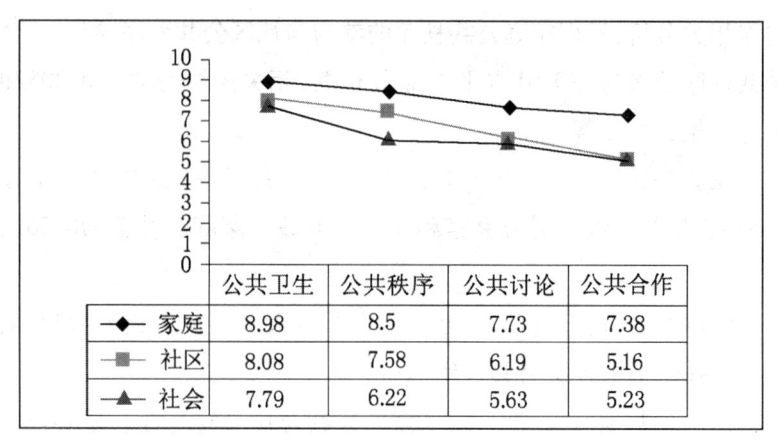

	公共卫生	公共秩序	公共讨论	公共合作
◆ 家庭	8.98	8.5	7.73	7.38
■ 社区	8.08	7.58	6.19	5.16
▲ 社会	7.79	6.22	5.63	5.23

图6-1 三大空间参与项目比较

三大场域公共参与的因素是趋于一致的,即虽然不同的项目在每个场域均值有差别,但每个项目的高低排序在三大场域中是一致的,即人们认为在家庭场域参与重要的项目,在社区场域重要,在社会场域也重要。

在公共卫生参与的影响因素中,不管是家庭场域、社区场域还是社会场域,父母的教育均值最高,而惩罚性因素均值最低。也就是说,被调查者认为在公共卫生参与中,父母的教育影响最大,而惩罚性因素影响最小(图6-2)。

三个空间相比较而言,性格因素、惩罚性因素、道德感因素在社会公共卫生参与的影响比其他空间都要大,而父母的教育因素、从众因素、印象管理因素在家庭公共卫生参与的得分最高。这说明,在人们的意识中,对于社会公共卫生的参与,排除性格因素,人们比其他空间的参与更关注惩罚性因素和道德因素。

在发生争执时,人们是否克制,无论是在家庭场域、社区场域还是社会场域,人们最重视的是"他是否有理",而是否有理的评判是

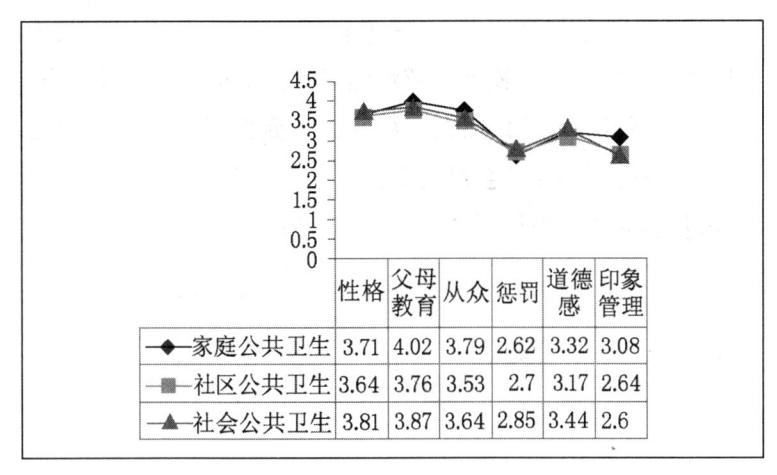

	性格	父母教育	从众	惩罚	道德感	印象管理
家庭公共卫生	3.71	4.02	3.79	2.62	3.32	3.08
社区公共卫生	3.64	3.76	3.53	2.7	3.17	2.64
社会公共卫生	3.81	3.87	3.64	2.85	3.44	2.6

图6-2 影响公共卫生参与的因素分析

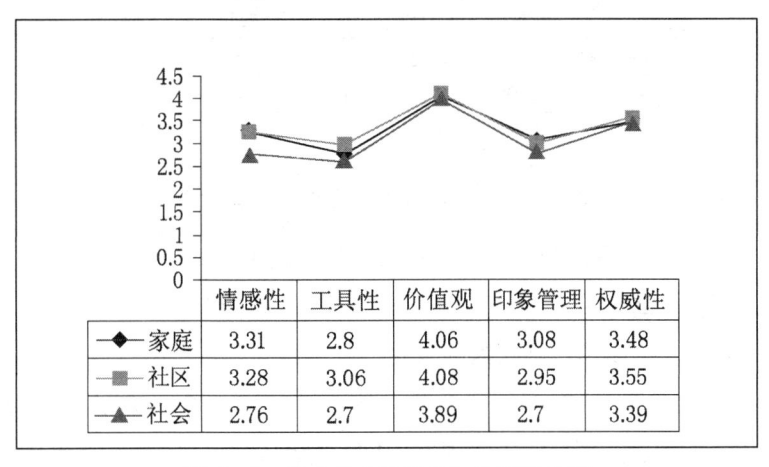

	情感性	工具性	价值观	印象管理	权威性
家庭	3.31	2.8	4.06	3.08	3.48
社区	3.28	3.06	4.08	2.95	3.55
社会	2.76	2.7	3.89	2.7	3.39

图6-3 影响公共秩序参与的因素分析

建立在价值观的基础上的,我们亦称之为价值观因素;其次重视的是权威性因素,即他是否是长辈。三个空间相比较而言,情感性因素、印象管理因素在家庭得分最高;工具性因素和价值观因素在社区中得分最高,社会空间中,所有因素得分都是最低的(图6-3)。

在是否帮助他人的问题上,无论在哪个空间,信任因素最为重要,即"他是否诚信",其次是情感性因素。三个空间相比较而言,工具性因素、信任因素、地位因素在社区最为重要,良心因素在家庭最为重要,情感性因素在社会最为重要(图6-4)。但在社会,情感性因素是以"他是否有值得同情的理由"来考察的。

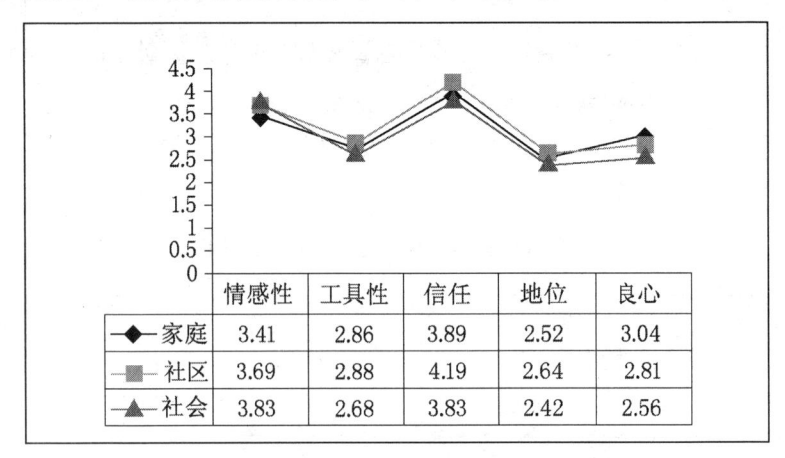

	情感性	工具性	信任	地位	良心
家庭	3.41	2.86	3.89	2.52	3.04
社区	3.69	2.88	4.19	2.64	2.81
社会	3.83	2.68	3.83	2.42	2.56

图6-4 影响公共合作参与的因素分析

在公共事务的讨论中,问卷采用的是反向取分的方式,也就是从非常重要、重要、一般、不太重要和不重要,取分依次为1、2、3、4、5分,因此,得分越低,该因素的重要性程度越高。从上图可以看出,是否参加公共事务的讨论,家庭教育因素在该项目考察中最为重要。三个空间相比较而言,宣传因素、从众因素在社会最为重要,家庭教育因素在家庭空间最重要,情感因素、平等因素在社区最为重要(图6-5)。从四个公共参与项目参与的自我归因分析,我们可以看出,三个不同的场域的影响因素趋于一致。这说明,在人们的意识中,决定其在家庭场域参与最重要的因素对其社区场域的参与、社会场域的参与具有同样的影响。

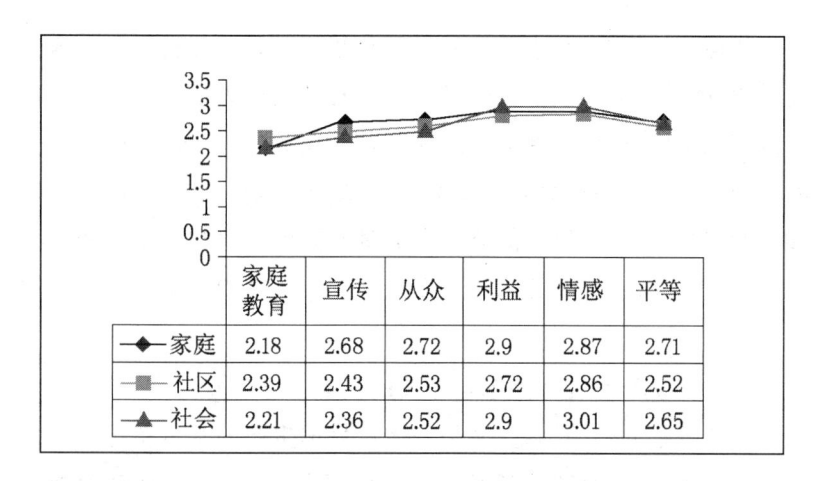

	家庭教育	宣传	从众	利益	情感	平等
家庭	2.18	2.68	2.72	2.9	2.87	2.71
社区	2.39	2.43	2.53	2.72	2.86	2.52
社会	2.21	2.36	2.52	2.9	3.01	2.65

图6-5 影响公共讨论参与的因素分析

第三节 公共参与行为:场域与惯习的互构

上述分析表明,人们在家庭场域、社区场域、社会场域的参与行为有差异,家庭场域参与水平最高,社区场域其次,社会场域最低。也即参与水平是以家庭场域为中心,半径越长,参与程度越低。并且,人们在家庭场域中的参与是责任取向,在社区场域中的参与是身份取向,在社会场域中的参与是道德取向,责任、身份、道德三种取向代表着人们对公共事务的不同的责任程度,即完全责任、有限责任、自主责任。因此,责任意识是影响人们公共参与的重要因素,是公共参与场域中最重要的社会资本。

一、责任资本导致场域参与的差异性

"责任是行为主体对特定社会关系中确定任务的自由确认和自觉服从。"(程东峰,1994:10)所谓责任资本,从内涵上,它是指在特

定事物运行过程中,以对该事物的运行规则的认可和自觉服从为主要手段,能够有助于该事物顺利进行的心理及行为指向。它包括责任意识和责任行为,是保证特定任务顺利完成的无形社会资本。公共参与场域中的责任资本存量高,意味着人们对公共规则高度认可和自觉服从,对该场域中的公共事务具有高度的参与。不同的公共参与场域结构中,包含着不同的公共责任资本,对公共参与产生不同的影响。

(一)家庭责任是家庭参与重要的资本

家庭既是社会的细胞,又是个体自身再生产的基本单位。对每个人而言,家庭都是不可或缺的"情感之园",家庭的存在和发展也依赖于家庭成员承担家庭责任,如父母养育子女,子女赡养老人。对家庭负责是社会稳定和发展的基本前提,家庭也必然要赋予家庭成员以家庭伦理责任。我国古代思想家主张的"齐家",在某种意义上,就是要求人人必须具有对家庭的责任心。每个人都应当热爱自己的家庭,对家庭承担一定的责任。

中国传统文化中强调的家庭责任是高于其他一切责任的。因为中国是家本位的社会,最重要的责任理念就是家族至上。所谓家族至上观念,就是家族利益高于其他利益,重于其他利益,亲族联系重于其他一切联系,视家庭整体的和谐统一为最高理想,个人的特殊利益要无条件地服从家庭的整体利益。在这种文化背景下,人们在家庭中的责任意识是一种完全的责任意识,是无条件的责任意识,超越个人利益等其他要素,具有压倒性的力量,只要是属于这个场域中的成员,就不自觉地受到其影响和约束,因而成为家庭场域一种强有力的资本性要素。因为这种社会资本要素的存在,人们在家庭场域中的一切行为,都以家庭整体利益为重,以家庭和睦、家庭利益最大化为己任,因而人们在家庭场域参与水平最高。

(二)身份责任是社区参与重要的资本

身份是社会成员在社会中的位置,核心内容包括特定的权利、义务、责任、忠诚对象、认同和行事规则,以及权利、忠诚、责任存在的合法化理由。如果这些理由发生了变化,社会成员的忠诚和归属就会发生变化,一些权利、责任就会被排除在行为之外,人们开始尝试新的行为规则。所有这些方面都隐含在对社会身份的认识当中,被社会成员接受、承认、效法和(对他人行为形成)期待(张静,2006:4)。

从第五章的分析中我们看到,亲疏身份、尊卑身份、性别身份、权威身份、熟人身份都影响着社区场域的公共参与,身份不同,责任意识不一样,在社区公共参与场域中的表现也不一样。也就是说,在社区场域,人们是根据身份责任来承担相应的公共事务,即人们只要一进入该场域中,就接受身份的约束,在行为表现中符合身份的规定和安排。因此,身份责任是社区公共参与场域的重要资本。

身份之所以在社区场域会产生重要的影响,我们可以从中国传统文化中找到根源。中国传统文化为身份设定的坐标轴,从纵向而言就是男尊女卑、长幼有序的等级身份;从横向而言,则是差序格局的关系身份。处于身份坐标轴中不同位置的人,具有不同的身份责任,同时也肩负着人们对其不同的身份期待。相关身份者在自身身份意识的推动和他人的身份期待约束下,会产生更高的参与意识。这也是身份责任资本在社区公共参与场域中的影响所在。

但就家庭、社区和社会三大场域而言,身份责任只有在社区场域才能成为社会资本。因为在家庭场域人们对公共事务的参与是无条件的责任,不必考察身份;而社会场域,互动个体都是匿名身份,彼此既不知尊卑,亦不知与己关系的远近,因而无法产生约束力;社区场域基本属于熟人社会,互动者对尊卑亲疏关系都了然于胸,所以相关身份者常常会根据他人的身份期待而行动,这就使身份成为该场域的重要的社会资本。在社区场域的参与也验证了身份责任资本的影响。根据传统文化设计,人们对男性和年长者有更高的身份期待,对关系亲密者有更高的身份期待,研究结果也显示男性和年长者在社区场域中有更高的参与意识,并且邻里是熟人比邻里是陌生人的个体具有更高的参与意识。

因此,身份责任是社区场域公共参与的重要的社会资本,但同时,我们还应看到,身份责任这种资本并不对社区场域中所有人产生影响,它只是对相关身份人产生影响,如从等级上来说,具有权威身份的人受其影响更大,因而参与水平更高,但对非权威身份者没有影响;从亲疏关系上看,只是对熟人身份影响较大,对陌生人身份没有影响,因而身份责任资本的力量是有限的。

(三)道德责任是社会场域参与重要的资本

"《世界伦理道德辞典》认为道德责任是'人们为自己行为的善恶所应承担的责任。'它包含两方面的含义:一是指在一定道德意识的支配下,人们对社会、集体和他人所自觉承担的责任;二是指人们对自己行为的过失及其不良后果在道义上所应承担的责任。"(何建华,2000:107)与法律责任、经济责任相比,道德责任更体现为一种精神自律性,是"由于尊重规律而产生的行为必要性"(康德,1986:6)。这里"规律"是指道德规范,或康德所谓的道德律。所以,道德责任从根本上说体现为个体对道德的体悟与尊重。可见,道德责任本质上是对外在的道德义务的内心认同,它是人们主动意识到的义务,具有良心的成分。

第四章的分析显示,在社会公共参与场域,道德意识成为推动人们参与公共事务的动力,进入社会公共参与场域的人们,都要受到道德责任的影响和约束。道德责任因而成为社会参与场域中的重要社会资本。

社会场域中之所以存在道德责任资本可以从儒家文化中找到其根源。首先,儒家一贯强调天下为公、大公无私、先公后私,推行爱国为民,义以为上的整体主义价值取向,所有壮丽的诗篇和用血写成的誓言都是这个主题:从"人生自古谁无死,留取丹心照汗青"的文天祥到"苟利国家生死以,岂因祸福避趋之"的林则徐;从国民革命之父孙中山的"天下为公"的政治思想到毛泽东的"为人民利益而死,就比泰山还重"的全心全意为人民服务的思想,一以贯之地体现了中华民族天下为公、为国为民、义以为上的整体主义价值观,它是中国人公共道德意识建立的宝贵的精神源泉。其次,儒家宽以待人、厚德载物、推己及人的和谐与恕道精神,使人们在社会场域以在家庭场域的道德要求自己,尊贤敬长,诚信待人,"老吾老以及人之老,幼吾幼以及人之幼",以仁、义、诚、信为基本内容,在公共场域与人交往中,表现出高尚的道德参与;此外,还有传统文化中的义利观及强调道德自觉和修养的理论,从孔子提倡的"修己"、"笃行"、"克己"到曾子的"三省吾身",从孟子讲"养性"、"养身",讲"良知"、"良能",到宋明理学的"尊德性"、"知行合一"等"内圣外王"之学,都是从人格情操上培养公共道德的宝贵资源。

但同时,我们还应看到,道德责任在践行中,并不总是那么理想,因为道德对人们的约束力完全在于自身,是自我意识及文化的约束。如果说家庭责任是强制性责任,身份责任是有限责任的话,那么,道德责任只是一种自我责任,是人们的一种精神自律,从外部评价而言,可以说是没有责任。道德资本在社会场域的力量相对较为微弱,使社会场域参与水平低于社会场域和家庭场域。

综上所述,在家庭、社区、社会场域中,导致人们的公共参与水平差异的是公共责任资本。在家庭场域中,公共责任资本具有压倒性的力量,所以人们的参与水平最高,公共参与呈现出责任取向;在社区场域,公共责任资本力量有限,所以人们的参与水平有所降低,公共参与呈现出身份取向;在社会场域,公共责任资本力量最小,所以人们的公共参与水平最低,公共参与呈现出道德取向。责任、身份、道德三种取向代表着人们对公共事务的不同的责任程度,即完全责任、有限责任、自主责任。家庭、社区、社会公共参与取向的变化,呈现出责任逐渐减弱,自由度逐渐增强的趋势。

二、责任惯习导致场域参与的趋同性

在布迪厄看来,惯习是"持久的可转移的禀性系统",融入参与者的性情系统和心智结构,具有可转移性。正如法国学者菲利浦·柯尔库夫对禀性所作的详细解释:"禀性,也就是说以某种方式进行感知、感觉、行动和思考的倾向,这种倾向是每个个人由于其生存的客观条件和社会经历常以无意识的方式内在化并纳入自身的。持久的,这是因为即使这些禀性在我们的经历中可以改变,那它们也深深扎根在我们身上,并倾向于抗拒变化,这样在人的生命中显示出某种连续性。可转移的,这是因为在某种经验的过程中获得的禀性(例如家庭的经验),在经验的其他领域(例如职业),也会产生效果;这是人作为统一体的首要因素。最后,系统,这是因为这些禀性倾向于在它们之间形成一致性。"(引自毕天云,2004:88)

在公共参与场域中,公共责任意识就是这样一种具有禀性影响力的因子,具有这种可转移性特质,可以从家庭场域转移到社区场域和社会场域,因此我们可以称之为公共责任惯习。公共责任惯习在不同的公共参与中,表现为不同的因子。在公共卫生参与中,表现为领域意识;在公共秩序参与中,表现为和谐意识;在公共合作参与中,表现为利他意识;在公共讨论项目中,表现为权威意识。这些惯习沉淀于个体的心智结构中,使行动者在不同的场域具有趋同性。

(一)领域意识影响公共卫生参与

所谓领域意识是指对于自己所归属的社会空间范围的责任意识,领域意识体现两个方面的责任,一是推动其发展,二是保护其不受侵犯。

确定领域责任首先对领域应有明确的认识,领域包括边界和范围两个要素。领域往往以门和墙为边界,门和墙的作用,是对外设置一个边界,对外隔离,对内保护。如同古代,全国有长城,作为内地农耕民族与关外游牧民族的边界;城市有城墙,作为城内与城外的边界,以抵御外敌之侵袭,维护城内人之安全;家有家墙,作为家内家外的边界,使家庭和家族成员生活在以家墙为保障的空间。这种边界隔离出一个对内开放、对外封闭的空间,同时边界也是一种无声的指令和规范,确定人们在边界内外的不同责任。

人们首先建立的是家庭领域的概念,所以领域意识发端于家庭中,但正如中国人的家的概念可以泛化到家族以外的组织和团体,家庭领域意识也可以向外延伸,成为社区领域责任;而社区领域责任亦可向外延伸,成为社会领域责任。所以这种领域责任意识是相对而言的,是相对于一个更大的范围而言的私域的概念。相对于家族而言是家庭领域意识,相对于社会而言是单位领域意识,相对于世界而言是国家领域意识。正如费孝通先生所说:"在差序格局里,公和私是相对而言的,站在任何一圈里,向内看也可以说是公的。"(费孝通,1998:45)经验告诉我们,对于自己所归属领域的空间和群体,人们都会多一份关怀和保护的责任,若有人破坏我们的家庭环境,伤害我们的家人,我们一定会挺身而出,竭尽全力保护;若有人危害我们国家安全,侵犯我们国家的领土,我们同样也是义愤填膺,愿尽自己所能加以维护。人们在家庭场域、社区场域、社会场域中都具有领域责任意识。因此,领域责任意识是影响人们思维方式的一条重要惯习,它沉淀在人们的心智模式中,具有可转移性,可以从家庭场域转移到社区场域、社会场域。

一般而言,边界越明确,人们的责任感越强。家庭领域、社区领域和社会领域相比较而言,家庭领域和社区领域有明显的边界,领域意识作用明显,所有人们的责任意识较强;而社会场域没有明显的边界,人们的责任意识相对较弱。距离则用以确定亲疏远近。领域距离越近,认同感越强;领域距离越远,疏离感越强,所谓"远亲不如近邻"就是这种心态的反映。社区领域比社会领域空间距离上更接近家庭领域,因而人们家庭领域责任惯习在社区场域转移的力量更强,在社会场域转移的力量更弱。

领域责任惯习在公共卫生参与上体现出来,由于领域责任惯习的影响,人们在家庭场域、社区场域和社会场域公共卫生参与具有较大的趋同性,家庭公共卫生参与可以延伸到社区场域、社会场域。虽然因为领域边界和距离的变化,导致参与水平有所不同,但对于个体而言,在家庭场域、社区场域和社会场域的参与具有较强的一致性。

(二)和谐观念影响公共秩序参与

在传统社会中,特别强调和谐,抑制冲突。因为家庭是一切活动的中心,家庭关系是社会最基本的人际关系,处理这一人际关系的基本原则就是"和谐",所谓"家和万事兴"。它要求家庭成员之间相互关怀爱护,彼此和睦相处,要求个人自觉地对家庭承担责任和义务。即使家庭中发生冲突和矛盾,作为一家人,也应基于血缘和亲情,为家庭的整体利益着想,妥协退让,让家庭回归和谐。由于对于家族这一血缘共同体具有高度的心理认同,人们把和谐的家庭人际关系看成理想的人际关系。

在现代家庭公共秩序的公共参与中,我们也看到了家庭和谐观的影响。一方面,数据显示,人们和家人发生争执时,忍让程度较高,访谈中我们还了解到,有时为了维持家庭和睦,人们甚至做出无原则的忍让;另一方面,在公共秩序所有项目的自觉性参与和干预性参与的比较中,只有家庭的干涉性参与高于自我参与。那意味着,当我和家人发生争执时,我不一定会忍让,但其他家庭成员发生争吵行为,我一定会进行劝解。这说明,为了维持家庭的和睦,人们不但善于自我控制,而且还试图影响他人破坏家庭和睦的行为。家庭公共秩序参与中的这种高忍让、高干预的特征,反映了人们把维护家庭和谐视为自身的责任。

这种和谐观念不但在家庭场域中发生作用,而且会在社区场域、社会场域发挥作用。数据分析显示,在家庭公共秩序参与水平较高的人,在社区公共秩序参与、社会公共秩序参与水平也较高,这表明了家庭和谐观念具有向社区、社会延伸之势,受家庭和谐观影响较深的人也追求"社区和谐"和"社会和谐"。这说明和谐观念是影响人们公共秩序参与的惯习,具有可转移性。

传统上,中国社会是礼治社会,所谓礼治就是对传统规则的服从。家庭和谐观念,对于置身于家庭中的成员也是一种传统的规则,"长期教育已经把外在的规则化成内在的习惯"(费孝通,1998:55),成为人们性格的组成部分,即使时代变迁,环境变化,也会在行为中不自觉地表现出来,所以人们在社区场域、社会场域也表现出追求和谐的习惯和特质。但是,用于维持礼俗秩序的和谐观念,在表现形式上又具有层级性,因为"维持礼俗的力量不在身外的权利,而是在身内的良心。所以这种秩序注重修身,注重克己。理想的礼治是每个人都自动地守规矩,不必有外在的监督"(费孝通,1998:55)。这使得人们追求和谐的特质在表现形式上更注重自我表现而不是干预他人。这可以用来解释家庭公共秩序的参与在自觉性参与中具有延伸性,可以延伸到社区空间、社会空间,但在干预性参与中则延伸性减弱,其影响效力只触及社区空间,而不能拓展到社会空间。

(三)权威意识影响公共讨论参与

中国传统家文化是以孝为核心的封建家长专制文化,有严格的等级秩序,成员角色行为取决于辈分、年纪和性别等要素,辈分高、年纪大的男性占有崇高的地位。中国家庭强调忠和孝,所谓"夫为纲妻""父为子纲"就是要求妻子保持贞节和忠于丈夫,子女孝顺和服从父亲。家长的权威是至高无上的,由家法家规明确规定,谁要是蔑视或违抗这种权威,就将受到家法的严厉制裁。所以家中公共事务由父系家长全权掌管,他不仅拥有家庭财产,而且安排生产和管理财产,甚至安排子女的婚事,没有讨论的余地。父母之命,必须照办,父母错了,也得逆来顺受,若有违抗,便是忤逆不孝。言行举止,都必须遵循礼的规范,做到非礼勿动,非礼勿视,非礼勿听,非礼勿言。建功立业,也不能超出祖训的范围,这是家庭权威文化的表现。这种家庭权威文化形成了人们服从权威、依赖权威的意识,在家庭中表现为服从辈分高、年纪大和男性权威的意识。

家庭权威文化具有泛化性和可转移性。这种文化表现在政治上就是人治的文化,国家是帝王专制,个人必须对帝王绝对服从,个人权利缺乏法律保障,个人参与公共事务,具有一定的危险性,稍不留意,便带来杀身之祸。由于个人行为的好坏,直接关系到家族利益的得失,个人的行为选择的不慎重,可能祸及家族,所以人人谨言慎行,洁身自好。凡此种种,对个人价值、个人的自我意识造成极大的扼制,使个人没有权力也没有自由去选择自己的行为方式,去参与与自己有关或无关的种种公共事务,养成个人消极、被动的人格。因此,权威意识表现在个体身上则形成一种惯习,使人们在面对公共事务时,有两种表现形式:一方面是遇事循规蹈矩,缺乏自主精神;另一方面是洁身自好,消极避事,认为多一事不如少一事。

权威意识在公共讨论的参与中表现出来。由于家庭整体利益至上的观念,更由于家庭权威意识的影响,人们在家庭公共事务的讨论中表现出较高的水平。在访谈中我们也了解到,人们之所以积极参加家庭公共事务的讨论,除了出于对家庭整体利益或个人利益的考虑,还有一个重要原因是组织讨论者往往是家庭中的长者,具有较为权威的地位,若自己不去参与,会使长者"不高兴"、"没面子",并且因此可能会被其他家庭成员责备,也就是说,人们在家庭公共讨论中的参与受到权威压力的影响,并且这种权威压力在社区场域的公共参与中也表现出来。

在社区场域中,权威压力表现为两种形式,即权威崇拜和权威期待。访谈中人们表示,人们愿意参与社区公共事务的讨论主要基于两种情形:一种是主持人的身份地位较为权威,为了给主持人面子,也出于对主持人的崇拜,参与到社区公共事务的讨论中去,这是基于权威崇拜的参与;另一种是感觉自己身份较为权威,其他社区成员对他们有期待,这种参与是人们为了适应自己在特定情境下的特别角色,为了符合他人的角色期待而进行的角色扮演,是基于权威期待的参与。

但这种影响家庭场域和社区场域公共参与的权威压力不能延伸到社会场域,因为权威只有在人们熟悉的情况下才能形成权威压力。在家庭场域和社区场域的权威都是人们所熟悉的,而社会场域的权威人士对于参与者个人而言是陌生人,不构成权威压力;且参与者即使在某讨论事项上具有权威性,因为没人了解,自身也不能感受到权威期待。因此,家庭权威意识影响可以延伸到社区公共讨论中,但对社会场域公共讨论参与影响不大。

这只是在公共讨论的自觉性参与层面,在公共讨论的干预性参与层面,权威意识的影响不仅能够延伸到社区场域,也能延伸到社会场域,这是由于权威依赖的影响。权威依赖表现在公共事务的参与中,是人们把对公共事务的决策权力交给权威,自己不去积极影响,更不用说去干预别人。具体表现为无论是家庭事务、社区事务还是社会事务,人们的干预性参与程度普遍较低。对于不参加公共事务讨论的人,人们普遍持既不动员也不指责的态度。访谈中,人们表示,对于别人的不参与持相对理解的态度,认为没必要去指责;也有部分人表示,去劝说别人参与公共事务的讨论一定不被人理解,会被人嘲笑多管闲事,甚至会遭受别人的谩骂,且反正有人作决策,自己参与不参与无所谓。这说明,权威依赖意识不仅对家庭场域、社区场域产生影响,也渗透到社会场域。

综上所述,我们可以看出,权威意识不仅在家庭公共参与场域发挥作用,并且对社区场域、社会场域都产生重要的影响。因此,权威意识是公共参与场域中的惯习,影响公共讨论的参与。

(四)利他意识影响公共合作参与

传统文化中家族至上的观念,强调了传统文化中群体、整体本位的观点,形成人们的整体意识,引导人们在行为表现上患难扶持,荣辱与共,因此引发许多不计报酬的利他行为。黄光国指出,人们在家庭中的行为是遵循"需求法则"而不是工具性法则,只要家人有需要就提供帮助,不管是否会有回报(黄光国,2004:89)。所以有学者推论,受家庭教化的影响,人们会产生"利他性格"(Baston,1991:178 - 181),从而产生利他意识。所谓利他意识是指"不期望回报而有利于他人的意识。表现在行为中,就是无条件帮助他人。也就是说,助人者的动机是自愿的,要被助者获利,而非以帮助作为手段,欲求他人酬赏"(朱瑞玲,1994:4-7),利他意识导致利他行为。

家庭场域中的利他意识是传统文化中"仁爱观"形成的源泉。因为家庭利他意识是始于血缘的"仁爱",这种仁爱行为从对亲人的帮助和关怀开始,推及朋友及五伦以外的人群,从而达到孟子所说的"老吾老幼吾幼",所以家庭利他意识在文化上具有转移性和延伸性,在社区场域表现为邻里互助的精神,在社会场域则表现为热心帮助陌生人的精神,因而利他意识也是沉淀于人们心智系统中的重要惯习。

在公共合作参与中,这种利他惯习在不同场域表现有所不同。决定利他行为的两个重要的心理要素是同情心和道德感。在家庭空间的互助行为中,人们的利他行为既有同情心取向也有道德取向。基于情感而帮助家人是同情心取向;而基于孝心、权威等文化压力的帮助则是道德取向。在公共空间中,人们的利他行为与家庭空间有相同之处,也有差别。

社区空间的公共合作是同情心导向的利他行为。所谓同情心导向的利他行为是指因目睹他人受苦而使自己有一种暂时性的负面情绪,想帮助别人脱离困境,这样自己的悲伤也就消除。数据分析显示,家庭公共合作的自觉性参与与社区公共合作的自觉性参与在0.01水平上显著相关,而与社会空间的公共合作的自觉性参与不相关,这说明人们在家庭中形成的利他人格会在社区的公共合作中发挥效用。这是因为,家庭和社区有个重要的共同之处,就是情感性,家人之间基于血缘关系和朝夕相处,具有情感性,而邻里之间长期相处,也会有一定的情感投入,易使互动双方互为感同身受。正因为如此,所以邻居陷入困境时,同情心更易被激发出来,被求助者一般会基于同理心,尽其所能,助其摆脱困境。这是社会空间的匿名性和短暂性所无法比拟的,所以这种同情心导向的利他行为,在社会公共空间发生的频率较低,在社区空间发生的频率较高。当然,热心帮助邻居其实在某种程度上也是为自己赚取社会资本,在不确定的将来,是有可能获取回报的。

所以,我们认为,家庭公共合作参与只能延伸到社区,不能延伸到社会,是因为人们在家庭利他惯习主要是同情心导向的。

从数据分析中我们看出,在公共合作的干预性参与层面,不管是在家庭、社区还是社会,对于是否动员他人帮助陷入困境的家人、邻居、陌生人,人们的参与程度都较低,这是因为人们的干预性参与是道德感导向的利他行为。

所谓道德感导向的利他行为是指为获取社会赞许或者减少罪恶感而导致的利他行为。中国人的道德行为有较大的社会和团体压力,符合社会道德的行为,会得到社会的赞许,不符合社会道德的行为,会遭受社会谴责,并引发个人罪恶感。

在公共合作的参与中,自我参与是要接受道德评判的。中国人一向强调修身,对自我修养要求较高,并用较高的道德标准要求自己,但对于他人,强调以榜样示范作用去影响他人,并不是去干预他人。所以对个人自己的道德要求较高,对干预他人的道德要求较低。所以,即使在家庭场域中的调查中,对于是否动员他人帮助家人,调查对象得分也普遍较低。在访谈中,人们表示,如果自己不去帮助家人,自己的良心会受到道德的谴责,但没去动员别人帮助家人,则不关乎道德,家人也是可以理解的。所以家庭利他文化只是要求主体自我参与的利他,而不是干预他人的利他。自我参与的利他行为接受道德的评判,而干预他人的利他行为则在道德评判之外,所以,干预性参与较低。在社区场域和社会场域也是如此,干预他人的利他行为也不接受道德的评判,由此导致的社会和团体压力较小,所以人们的参与也普遍较低,这和家庭具有较高的一致性。所以,干预他人的利他行为不接受道德的评判是人们公共合作参与程度低的重要原因,也是家庭公共合作干预性参与能向社区、社会延伸的重要原因。

综上所述,在自觉性参与层面,人们在家庭参与中是同情心导向的利他行为,家庭公共合作参与可以延伸到社区,但不能延伸到社会;而在干预性参与层面,虽然人们在家庭参与中是道德导向的利他行为,但因为干预性利他参与不接受道德标准的评判,人们在家庭参与中的干预性利他不接受道德评判,在社区和社会同样不接受道德评判,从而使家庭干预参与较低的状况既可以延伸到社区,也可以延伸到社会。

综上所述,领域意识、和谐意识、权威意识和利他意识是存在于公共参与场域中的重要惯习,影响着人们的公共参与行为,并构建着公共参与场域。领域意识代表着保护和发展领域的责任,和谐意识意味着维持和谐的责任,权威惯习代表着权威身份的责任,利他惯习则意味着不求回报帮助他人的责任。因此,这四种意识又可以称之为责任意识。从上述分析我们可以看出,责任意识是影响公共参与场域的重要惯习。

三、场域与惯习互构的公共参与行为

从场域的角度而言,场域中社会资本的存量决定着公共参与行为的客观结构。在家庭、社区和社会场域中,由于场域中责任资本的存量不同,人们在这三大场域中的公共参与取向不同,在家庭场域是完全责任的责任资本,导致人们的参与是责任取向的公共参与;在社区场域是有限责任的责任资本,导致人们在社区场域是身份取向的公共参与;在社会场域是自主责任的责任资本,导致人们在社会场域是道德取向的公共参与。

从个人的角度而言,惯习为人们的公共参与提供历史轨迹,决定着人们如何按照固定的经验,自发地行为。在不同的项目的公共参与中,惯习的表现形式各不相同,公共卫生参与中具有主导作用的惯习是领域意识,公共秩序参与中具有主导作用的惯习是和谐意识,公共合作中具有主导作用的惯习是利他意识,公共讨论中具有主导作用的惯习是权威意识。上述研究表明,由于这些惯习的可转移特质,人们在家庭场域中的公共参与行为和社区场域、社会场域有趋同性,即家庭场域参与程度高的人,社区和社会的参与程度也高。

但人们的实际参与行为不是由场域单独决定,也不是由惯习单独决定,而是场域和惯习共同建构的结果。所以人们在家庭场域的公共卫生参与是责任取向和领域意识共同作用的结果,在社区场域的公共合作参与是身份取向和利他意识共同作用的结果,在社会场域的公共秩序参与是道德取向和和谐意识共同作用的结果。

公共参与场域和公共参与惯习二者又互相建构,"场域形塑着惯习,惯习成了某个场域(或一系列彼此交织的场域,它们彼此交隔或歧异的程度,正是惯习的内在分离甚至是土崩瓦解的根源)固有属性体现在身体上的产物"(布迪厄、华康德,1998:172)。正如家庭场域的高度责任取向,领域意识、和谐意识、利他意识和权威意识等惯习在家庭公共参与中都有较好表现;同时,"惯习有助于把场域构建成一个充满意义的世界,一个被赋予了感觉和价值,值得你去投入、去尽力的世界"(布迪厄、华康德,1998:172)。换句话说,惯习是我们理解场域并做出相应行动的前提条件。它为我们认识和适应场域提供了深层的认知结构和思维方式。在家庭场域中,正是因为领域意识、利他意识、和谐意识和权威意识等惯习作为个人的心智系统和深层结构,决定着人们的价值观及善恶观,才使人们认为对家庭场域中的公共事务高度投入是有价值的、有意义的,才形成了家庭场域的高度责任取向的参与结构。总之,公共参与场域制约着公共参与惯习,公共参与惯习又建构着公共参与场域的意义,二者互为建构。

公共参与场域塑造公共参与惯习的结构,本质上是使主观经验客观化,也就是主体将客观对象及其应对措施内化于自己的思维深层结构中。如在家庭场域中,传统文化的影响及长期的家庭生活实践,使领域、和谐、利他、权威等意识内化于人们的深层思维结构中,形成惯习。这些惯习既是主体的又是客体的,既是个体的又是集体的。因此,当这些惯习遭遇到产生自己的场域时,即家庭场域时,就有一种"如鱼得水"的感觉,主体立刻就能自动做出"合情合理"的策略来处理各种问题,所以家庭场域的公共参与表现出较高的参与水平;但当这些惯习与场域不契合时,即惯习遭遇陌生(社会)或部分陌生(社区)场域时,主体依然会无意识地按自身的惯习解读和构建陌生的场域,即用家庭场域中产生的惯习构建社区场域、社会场域,因为惯习与场域不契合而使行为状态产生差异,人们在社区场域参与水平低于家庭场域,社会场域参与水平低于社区场域就是这种不契合状态的反应。

因此,公共参与场域不是纯粹的客观结构,是被公共参与惯习建构的主观化的客观结构,是对结构主义的颠覆。公共参与惯习是公共参与的历史轨迹,是人们在长期的公共参与实践中所积累的经验,但它又不是一般的经验,而是具有较固定的结构,沉积于人们思维深处的、几乎能自动处理问题的经验。这种思维结构是社会经验在个体中的寄居,所以,它是客观化的主观性。它本质上类似于集体无意识,在深层次上对我们的思维发生作用,而我们对它无以觉察。"惯习不仅受到一定的社会轨迹的影响,而且也可以通过社会分析来加以转变,也就是说,通过意识的觉醒,或者多种形式的自我努力,个人可以对他的性情倾向施加影响。……这种自我分析的可能性和有效性,部分取决于所考察的惯习和原初结构,部分取决于自我意识觉醒所发生的客观条件"(布迪厄、华康德,1998:307)。也就是说,公共参与惯习是可以改变的,正如在家庭公共秩序参与的分析中,我们发现人们在家庭场域追求和谐的惯习,因社会的变迁已经发生了变化,传统的服从于家庭本位观的和谐观念正在向彰显自我意识的和谐观念转化。

布迪厄的场域—惯习理论为我们理解公共参与行为提供了一个很好的理论视角。根据场域理论,公共参与行为不是单纯的个体能动作用,而是惯习和场域之间的建构关系。公共参与惯习只有在公共参与场域中才能发挥作用,即公共参与场域决定公共参与惯习的能动作用,但公共参与惯习可以随着社会的变迁等因素而发生改变。这种公共参与惯习的改变又形成新的公共参与场域,对个体的公共参与惯习产生新的限制和约束,从而使公共参与行为又呈现出不同的状态。因此,从场域的角度理解公共参与,是对结构主义的颠覆,又是对个体心理主义和唯智主义的反叛,从客体和主体两方面弥合了个人与社会、宏观与微观、历史与现实的断裂,既认识到公共参与社会结构和个人综合作用的整体性的一面,又认识公共参与中历史和现在共同构建的一面。因此,从场域—惯习的视野认识公共参与,是整体和动态地认识公共参与行为,有助于对公共参与行为的全面理解和深入剖析。

第四节 小结

本章对家庭场域、社区场域、社会场域三大场域的公共参与进行比较分析,结果显示:

人们在三大场域的参与具有差异性,表现在两个方面:第一是人们在家庭场域参与程度最高,社区场域其次,社会再次,也即人们在公共场域的参与是以家庭场域为中心,半径越长,参与程度越低;第二是人们在三大场域的参与取向有所差别:家庭场域是责任取向,社区场域是身份取向,社会场域是道德取向。家庭、社区、社会取向的变化,呈现出责任逐渐减弱,自由度逐渐增强的趋势。

人们在三大场域的参与具有趋同性,表现在三个方面:第一是个体参与具有延伸性,即人们在家庭场域参与程度高,在社区场域参与程度也高,在社会场域参与程度也高,这种趋势在每个参与项目中都表现出来;第二是参与逻辑的趋同性,人们在三大空间之间的参与在具体项目排序上呈现出高度的一致性,即公共卫生参与最高,公共合作参与最低,参与均值的排序都是公共卫生、公共秩序、公共讨论、公共合作;第三是影响因素的趋同性,即在四个项目的公共参与中,影响三大场域公共参与的因素是趋于一致的,即虽然不同的影响因素在每个场域均值有差别,但每个项目的高低排序在三大场域中是一致的,即人们认为在家庭场域参与重要的项目,在社区场域重要,在社会场域也重要。

人们在三大场域参与的差异性是由责任资本导致的,家庭责任是家庭场域参与的重要资本,身份是社区场域参与的重要资本,道德是社会场域参与的重要资本。人们在三大场域参与的趋同性主要是由责任惯习导致的,在公共卫生参与场域表现为领域意识,在公共秩序参与场域表现为和谐意识,在公共讨论参与场域表现为权威意识,在公共合作参与场域表现为利他意识。

责任资本导致公共参与场域的差异性,责任惯习导致公共参与场域的趋同性。公共参与行为是责任资本与责任惯习共同影响的结果,是公共参与场域和公共参与惯习的构建,人们在三大场域参与状态的不同是公共参与场域和公共参与惯习契合程度不同的结果。公共参与场域和公共参与惯习是动态的、发展的,因此也导致公共参与行为产生变化。从场域的视角解读公共参与,从客体和主体两方面弥合了个人与社会、宏观与微观、历史与现实的断裂,有助于对公共参与行为全面理解和深入剖析。

第七章 家文化与公共参与场域

在实践理论中,布迪厄将"场域"看做是一个网络,一个不断建构的结构。进一步说,他认为每一个"场域"都是一个独特的空间,一个独特的圈层,同样也是一个具有各自不同规则的游戏。在他看来,场域不是一个死的结,不是空的场所,而是一个游戏空间,那些相信并追求其所能提供奖励的个体参加了这种游戏(布迪厄、华康德,1998:172)。按照布迪厄的这种理解和解释,我们尝试提出了"公共参与场域"的概念。在这里"公共参与场域"同样不是一个实体概念,不是某一个具体的地理区域,而是一种分析和研究过程中的功能概念。具体来说,"公共参与场域"可以被理解为在社会当中的一系列位置,以及这些位置之间存在的客观关系。所以,公共参与场域是一个能对位于其中的行为人产生作用的公共空间,是行为人对其中的公共利益表现出一定的分享与主动介入的社会网络空间,是一个具有相对独立性的、充满冲突和矛盾的社会空间。虽然本书从物理空间的维度将其划分为家庭公共参与场域、社区公共参与场域和社会公共参与场域,但这种公共参与场域不是单纯的地理位置,仍然是社会网络空间。

对于个体行动者而言,场域建构着惯习,惯习是场域属性在个体身上的反映。惯习是属于个人的心智系统,是一种深层结构,它规定了一个人的分类认知图式,决定着一个人的价值观。这些观念所构成的深层结构正是个体在特定场域中应付各种挑战而形成的经验结构。所以,"场域形塑着惯习,惯习成了某个场域(或一系列彼此交织的场域,它们彼此交隔或歧异的程度,正是惯习的内在分离甚至是土崩瓦解的根源)固有的属性体现在身体上的产物"(布迪厄、华康德,1998:172)。

在公共参与场域,存在各种不同的公共参与惯习,各种惯习在个体身上稳定性不一致,对人们行为的影响亦不相同。家文化是构建公共参与场域和影响公共参与惯习最重要的因素。

第一节 家文化的内涵及表现形式

一、家文化的内涵

家文化是中国传统文化的核心,中国文化实质上是"家的文化"(李亦园,1988:67),家族不但成为中国人的社会生活、经济生活及文化生活的核心,甚至也成为政治生活的主导因素(杨国枢,2004:32)。家文化之所以重要,不仅是因为它给家庭或家族提供了一套规则,而且因为它泛化到社会经济生活的方方面面,任何家族以外的社群、机构,包括企业或国家都可被认为是"家"的扩大(杨国枢,2004:32)。卢作孚说:"家庭生活是中国人第一重的社会生活;亲戚、邻里朋友等关系是中国人第二重社会生活。这两重社会生活,集中了中国人的要求,范围了中国人的活动,规定了其社会的道德条件和政治上的法律制度。"(引自梁漱溟:1987:12)

从经济学的角度定义,所谓家文化,是指在中国传统社会作为单独自然经济体的小家庭,用以维护家长统治、约束父子、夫妇、兄弟之间关系的儒家文化。从社会学的角度来定义,家文化就是以血缘亲情为纽带,以家庭、家族为实体存在形态,以父系原则为主导,以家庭、家族成员之间的上下尊卑、长幼有序的身份规定为行为规范,以祖先崇拜和家族绵延兴旺为人生信仰的一整套家法族规,并把这一套家法族规从理论上升华泛化到全社会的各个层面,从而成为人类文化传统中占据主导地位的思想体系(谷宁宁,2006)。

家文化包括家庭文化与家族文化,二者有联系亦有区别。家族系统一般以家庭系统的规定性为基础,但同时又跨越家庭边界;家族文化是跨家庭的,它更注重家族范围内家庭之间、族人之间的权利与义务的关系,其内在逻辑是宗族的血缘关系;家庭文化相对范围更小,涉及的是家庭中的人际间的关系,而家族文化往往涉及家族中家庭与家庭之间的关系(王沪宁,1991:17)。

本研究所指家文化,既包括家庭文化,也包括家族文化,从外延和内涵上来说,包括以下几个方面的内容:(1)家文化是以家或家族为中心的社会意识;(2)家文化是一种制度和行为规范,这种制度通过家法族规来实现;(3)家文化属于以儒家思想为核心的中国民族文化、传统文化的一部分。因此,本书所谓的家文化,是指传统文化中建立在以血缘、地缘、亲缘等特殊关系基础上,形成的以家庭(家族)整体利益为中心的种种行为、价值观念和心理状态。

二、家文化的表现形式

家文化在人们的社会生活具有重要地位,它深刻地影响着人们的思维方式和互动模式。

第一,建构了人们整体主义的思维模式

家文化中家庭本位的观念构建了人们整体主义的思维模式,这种整体主义的思维模式主要表现在家族主义和集体主义两个方面。

家族主义的价值观是杨国枢提出的。所谓家族主义是"一套在经济的、社会的及文化的生活中以自己家族为重心的特殊心理内涵与行为倾向,此等内涵与倾向主要包含认知(或信念)、感情及意愿三大方面之稳定且相互关联的态度、思想、情感、动机、价值观念及行为倾向"(杨国枢,1994:92)。它是指在日常生活中,以家族为重,以个人为轻;以家族为主,以个人为从;以家族为先,以个人为后的行为倾向。更明白地说,是家族生存重于个人生存,家族荣辱重于个人荣辱,家族团结重于个人自主,家族目标重于个人目标。家族不但成为中国人社会生活、经济生活及文化生活的核心,甚至也成为政治生活的主导因素。长久浸润在这样的社会文化环境中,便形成了传统中国人强烈的家族主义。

将家族主义的思维模式用于思考社会问题,则变成集体主义的思维模式。全德斯(H. Triandis)用集体主义来概括中国人的社会文化价值。集体主义认为,没有比个人更小的社会构成单位,但是有比个人更高、个人必须屈从的社会构成单位,如家庭、政党、阶级、政府及国家等,一切权利属于集体,而不是属于个人。中国典型的集体主义往往以家族为最重要的团体,个人必须忠于家族,努力达成家族的要求,必要时甚至可以牺牲自己,以成全家族。家族主义和集体主义是家文化影响下的文化价值观的表现形式,它使人们按照整体主义的思维模式去思考问题,行为模式中呈现出以家族为重,以集体为重的取向。

第二,家文化建构了人们心理上的相互依赖

传统社会中的家庭基本上是一个封闭的生产系统,人们在自然经济条件下可以自给自足,家庭是人们生活资源的获取和生活意义的所在,因此也形成了人们对家庭的依赖。人类学家许烺光比较了印度人、美国人和中国人的处世态度,提出美国人处世以"个人中心"和"自我依赖"为特征,由于没有永远的家庭和宗族基础,个人的基本生活和环境取向便是自我依赖。而中国人处世以"情境中心"和"相互依赖"为特征,即以一种持久的、把近亲连接在家庭和宗族之中的纽带为特征。在这种基本的人类集团中,个人受制于寻求相互间的依赖。印度人处世以"超自然中心"和"片面依赖"为特征,超自然中心的处世态度兼具个人中心和情境中心的特点,家庭和亲族纽带较之情境中心的处世要短暂,但却不像个人中心的处世态度那么短暂,人与人之间的关系是非互惠的片面依赖,即单方面依赖,它不仅意味着个人无须对作为一个接收者而惴惴不安,还意味着不必回报所接受的一切。具有"情境中心"且相互依赖的中国人,多是在家庭解决他生活中的一切问题,所有的社会性需要都可在家庭或宗族中得到满足。当他不得不冒险离开家庭时,他依然不断寻求建立一种类似于家族的纽带,以便根据他的位置和绝对互惠原则确定报酬与义务。这种文化心理使他确信,家族这样的组织有利于他与别人交往,这是中国社会中独特的关系模式(许烺光,1990:1-5)。

第三,家文化建构了内外有别、差序格局的互动模式

家文化重视血缘、地缘、亲缘关系,人们在人际互动中,形成了"以己为中心"的差序格局,在人际交往中,一般是关系越靠近"己"的中心,就越容易被人们接纳,也就越容易形成合作、亲密的人际关系;越是远离"己"的中心,就越容易被人们排斥,就会形成疏淡的人际关系。由此形成利益上"公"、"私"分明,行为上内外有别,对圈内人讲仁义、尽义务,对无关的圈外人则循礼而讲利。虽然作为差序格局主要内容的人伦,随着社会的变迁,已经发生变化甚至被淘汰,但传统的"差序格局"模式赖以滋生的社会条件仍然存在。在由传统社会向现代社会转型的历史进程中,传统的差序格局模式被赋予现代内涵,如差序格局中所包括的人际关系范围扩大,姻亲关系与拟亲缘关系渗入差序格局。利益成为差序格局中影响人际关系亲疏的重要因素,但差序格局的许多内容至今仍然存续于中国社会之中,特别是当人际发生冲突时,中国人往往习惯于以伦常为确定是非的标准(王晓霞,2000)。因此,差序格局的互动模式对当代中国社会生活,特别是对于人际关系及其社会结构仍然具有较强的解释力。

第四,家文化泛化为人们一切社会生活的行动准则

传统社会内,在家族中的生活经验与习惯常是中国人唯一的一套团体或组织生活的经验与习惯,因而在参与家族以外的团体或组织活动时,他们自然而然地将家族中的结构形态、关系模式及处世方式推广、概化或带入到非家族性的团体或组织之中。也就是说,在家族以外的团体或组织中,中国人会比照家族主义的取向而进行。杨国枢指出,这是家文化的泛化,并称之为泛家族主义。他认为中国人的泛家族化历程主要表现在三个层次:(1)将家族的结构形态与运作原则,概化到家族以外的团体或组织,比照家族的结构形式来组织非家族团体,并依据家族的社会逻辑(如长幼有序)来运作;(2)将家族中的伦理关系或角色关系,概化到家族以外的团体或组织,将非家族性团体内的成员予以家人化,成员间的关系比照家族内的情形而加以人伦化;(3)将家族生活中所学得的处世为人的概念、态度及行为,概化到家族以外的团体或组织,在非家族性团体或组织内,将家族生活的经验与行为,不加修改或稍加修改即予采用(杨国枢,1998:213)。

上述家文化的表现形式揭示了家文化对于人们的思维方式、互

动模式、心理及行为准则的影响。总体而言,在家文化的影响下,人们在人际互动中一般是遵循以个人为中心,以情感为媒介,以与己关系为标准的交往准则。这意味着,人们对待公共领域的陌生人是不同于熟人圈中的亲人、朋友的,对公共事务的参与程度不及对家族事务的参与程度。因此,一般认为,家文化某种程度上阻碍着人们的公共参与。

第二节 家文化与公共参与场域

一、家文化对公共参与的影响

在小农经济社会,人们对家文化持积极肯定的态度,认为家文化有助于人们互相扶持,摆脱经济困境,并在物质资料匮乏的条件下找到情感慰藉,获得心理平衡。随着市场经济的发展,公共领域的扩大,人们越来越多地卷入公共生活中。但对于公共利益和公共事务,许多人表现出参与冷漠的状态,不少学者把公共参与冷漠归因为家文化的消极影响。然而笔者认为,家文化中既存在阻碍公共参与的因素,同时也不缺乏推动公共参与的积极因素。因此,应全面考量家文化对公共参与的影响。

(一)家文化对公共参与的消极影响

总体而言,多数学者认为家文化是公共参与的障碍,其负面影响主要有如下三个方面:

第一,只有家族主义,缺乏公共精神。

中国社会由于家庭本位,重视家族利益、家族情感,以致"家之外无事业,家之外无思虑,家之外无交际,家之外无社会,家之外无日月,家之外无天地"(孙中山,1986:125)。正因为如此,人们的一切言行无一不是为了家庭的利益,读书、升官发财、经商、求田问舍、打架斗殴、赌博盗窃,"皆由家族主义之根点而来也"(孙中山,1986:123)。而历史上、法律上曾有过"父为子隐"的条文,允许为了家庭利益,不顾国法,在某种程度上助长了国人缺乏国家思想的意识和心态。孙中山曾对中国的家庭本位观痛下针砭,"中国人最崇拜的是家族主义和宗族主义,所以中国也只有家族主义和宗族主义,没有国族主义,外国旁观的人说中国是一片散沙,这个原始是在什么地方呢?就是国家一般人民只有家族主义和宗族主义,没有国家主义"(孙中山,1986:185)。"我国人多不知国与己身的关系如身体之于发肤,刻不可无"(孙中山,1986:532)。

因此,普遍认为,是家文化导致中国人私心泛滥,公共精神缺乏。如陈独秀认为妨碍中国人"公共心"的不是"个人主义",而是"家族主义",他说"我以为戕贼中国人公共心的不是个人主义,中国人底个人权利和社会公益,都作了家庭底牺牲品,'个人自扫门前雪,不管他人瓦上霜'这两句话描写中国人家族主义独盛,没有丝毫公共心,算是十足了"(引自金耀基,1996:48)。林语堂说:"中国人是一个个人主义的民族,他们心系各自的家庭,而不知有社会、民族,只顾防范家族的心理实即为扩大的自私心理。"(林语堂,2000:69)

中国人之所以会缺乏公德心,私心泛滥,是因为在中国家文化的深层结构中,是以家庭和家族利益作为考量标准的,只有属于家庭、家族的利益,才有责任,否则就不必有责任感。在家文化中,虽有家天下之说,但天下并非老百姓的天下,在封建专制的社会文化语境中,"溥天之下,莫非王土;率土之滨,莫非王臣。""江山"是皇上家的私产,平民老百姓不必同时也无权去过问——没有所有权,自然也就没有责任,理所当然地让自己的私心泛滥。

对于公共的东西,要么竭尽破坏之能。鲁迅先生曾经说过:"龙门的石佛大半肢体不全。图书馆中的书籍、插图需谨防撕去,凡公物或无主的东西倘难于移动,能够完全的不多。"(鲁迅,1973:194)19世纪,美国传教士史密斯通过在中国20多年的观察也发现了这一现象:"中国人不仅对属于'公众'的东西不感兴趣,而且防范不严,使唾手可得,很容易成为偷盗的目标,铺路的石头搬回家去了。"(史密斯,1996:95)

第二,只有家族生活,缺乏社团生活。

在西方社会,家和国之间存在社团组织,而中国社会的结构是家和国,中国人的理想追求是"齐家治国平天下",在家和国之间,没有什么东西,中国人只有家族生活而没有社团生活。

这是由中国传统的农业经济决定的。在农业经济形态下,个人的力量是微不足道的,难以单独务农为生,必须以家庭为单位,才能胜任需要庞大劳力的耕作与生产。因此,家族的重要性乃超过个人,个人必须忠于家庭,努力达成家族的要求,必要时甚至可以牺牲自己。因此,在社会制度方面,也使得整个社会变成一个个以家庭为主的小单位,人们的生产、生活、娱乐都产生于家庭,所有的物质需求和精神需求都能在家庭中得到实现,家庭是人们生活的维系和精神的归依,所以人们没有对家庭以外的社团生活的要求,人们甚至认为,在某种程度上,家庭和社团是不相容的。梁漱溟在《中国文化要义》指出,中国人之所以缺乏集团生活,是因为"团体和家庭二者不相容"(梁漱溟,1987:67)。人们的共同理想是照顾好家庭,治理好本家族,不必也无力去管理社会。所以,梁启超在《中国文化史》就提到"中国有乡自治而无市自治","只有族民而无市民",这也就使得中国没有发展出西方社会那种社团生活。

社团是培育人们公共精神的大学,"他们要在这个政治社团里学会使自己的意志服从全体的意志,使个人的努力配合共同的行动"。(托克维尔,1991:647)从一定意义上说,社团生活文化是人们参与公共生活,培养出以整体利益为归依的公共精神的土壤。

所以,缺乏社团生活的中国人,习惯以家庭和家族这种小集体公共利益为重,对公共生活漠不关心,缺乏公共生活意识。人们对公共生活的参与,主要依靠个人自律,靠修身来解决。金耀基认为中国人对于家庭之外的个人应该如何行动,主要还是以律己为准则(金耀基,1996:48)。也有不少学者在讨论中国的组织及制度时,认为在传统中国社会的组织与制度中,主要还是注重从道德的、修养的角度来对社会作贡献。然而,没有社团生活的培育,单从个人道德的、修养的角度参与到公共生活,是缺乏根基并且难以形成气候的。

第三,只有集体主义,缺乏个体意识。

中国传统的家庭本位伦理精神,强调家庭的价值和权利,个人只是家庭中的一员,其存在与发展必须以家庭的群体存在与发展为前提。个人是为家庭而生存的,个人的生死荣辱和家庭息息相关,个人获得功名叫做光宗耀祖,有损于家庭利益的个人被称为"败家子",有辱于家风的人要被家族惩治。个人生命的延续也是为家庭,所谓"不孝有三,无后为大",个人若被家庭抛弃,就很难见容于社会。

这一家庭伦理的规定性就使人们在行动上产生了所谓的集体主义。但这种集体是指"小集体",是在小农自然经济和宗族自然结构的基础上的,以血缘关系为主导的"小集体",其集体精神、公共精神只惠及熟人圈,只限于君臣、父子、夫妇、兄弟、朋友"五伦"之内,对于"五伦"之外的陌生人,对于整个社会,对于公共事务,则缺乏参与的热情。

强调家庭这一群体的权利和价值,过于强调家庭成员的责任和义务,因而否定了个人的自由,压抑了个体的创造性、主动性和激情,使中国人失去了个人的存在。金耀基指出:"家和孝原本有伟大的理性意义,但由于过分地强调,终于养成一种强烈的家族意识,而陷害了'个人主义'和'社会精神'的发展。"(金耀基,1999:14)许烺光指出,中国人的世界观是"永远把家族亲情维系看成是永恒的;个体因此受此亲情的制约而追求相互依赖"(许烺光,1990:2),中国人的特性是"情境中心"和"他人取向",缺乏个体意识。

缺乏个体意识的中国人,在家按照家族的指令安排自己的生活,在社会中则习惯接受来自国家、社会的各种安排。人们常把"大公无私"、"毫不利己,专门利人"的利他理念作为生活伦理,以至于不是牺牲自我就是否定自我,这和公民社会提倡的"健康的自私",即符合人的本性的自私,承认自我利益的正当性是相悖的。

所以,在家文化中,一方面,人们囿于狭隘的家族集体主义之中,"五伦"之外的社会整体利益意识缺乏;另一方面,只有家庭、家族,没有个人,没有自主意识,个体被弱化。因此,在公共事务的参与中,既缺乏社会大群体的观念,也缺乏自主意识的理性的考量,即使有公共善行,往往只是意气用事,不是基于对社会整体利益的理性思考下的行为,不具有稳定性。这种集体主义对公共参与是没有促进作用的。

(二)家文化对公共参与的积极影响

家文化对公共参与的积极作用,鲜有学者明确提及,但事实上,家文化中并不缺乏推动公共参与的因素。就某种程度而言,论及家文化中缺乏公共精神、缺乏社团生活、缺乏个人意识的说法是有其片面性的。我们从相关研究中可以推论出:家文化中在这些方面也不乏积极的因素,只是往往以另外的面目出现。

首先,表现为泛家族主义的公共精神。

家文化中,无论是家庭制度还是家庭中的关系模式、处世方法,其实都不缺乏公共精神,只是这是一种泛家族化的公共精神,即从家族中培养产生并运用于家庭之外的集体精神。杨中芳指出,中国的家庭制度,是一个驯良中国人的集体精神的最佳场所。"家庭制度让个人先与一群与自己有血统关系的人联到一起,以不自私的态度为他们而奋斗。这种训练是希望个人经过这样的训练之后,能够再把集体扩大,最后到包括整个的国家、世界"(杨中芳,1994:403)。杨国枢认为,家文化不仅是给家庭或家族提供了一套规则,而且可以泛化到社会经济生活的方方面面,任何家族以外的社群、机构,包括企业或国家都可被认为是"家"的扩大。这种泛家族主义的作用,使人们在参与家族以外的团体和组织活动时,自然而然地将家族中的结构形态、关系模式及处世方法推广、概化或带入这些非家族性的团体和组织(杨国枢,1998:213)。

这种泛家族主义的公共精神的存在,给人们的公共参与提供了良好的心理基础。李国鼎先生在 1980 年代初就曾提出过"第六伦",把与社会、与陌生人的道德规范看成是"第六伦"。这第六伦也是家庭伦理的放大,把家族的公共精神延伸到"第六伦","举所有社会关系一概家庭化之"(李国鼎,1993),那么公共事务即家庭事务,人们对公共事务的参与将是不容置疑并且义不容辞的。

其次,表现为社团化的家族自治。

"家族本来就是具有自治因素的团体"(冯尔康,2005:3),虽然古代没有自治的概念,但在古代的家法族规中体现出发展壮大家族,以家族整体利益为归依的自治精神在现代社会看来,依然有进步的价值。如家族规约中义田、义学、义庄等发展家族的公共事务的设计,就在某种程度上表明了自治精神已为家族民众所接受,并在一定程度上付诸实施。冯尔康指出:"中国古老的家族在18世纪以来的三百年中,发生了巨大的变化,即从古代的宗法性的祠堂族长制,向现代社团方向变。"(冯尔康,2005:1)古老的家族在现代社会已经分化为两支:一支是坚持家族固有的血缘原则,但从传统仅仅承认男性血统扩展为兼容男女血统,如族会、理事会、宗亲会等;另一支是不讲究共同血缘原则的同姓氏成员的社团,如联宗会、同宗会、宗亲会等。

家文化中的社团观念的演进,是有其进步意义的,从男性血缘关系为主走向兼容男女血统,从讲求血缘关系走向不讲求共同血缘,正是一种家族自治逐步走向社会自治的表现。并且,这两种社团都实行现代民主管理模式,这意味着,"家族在逐步用近代民主思想克服传统的宗法观念,尊重族人的独立人格,向近代社团方向演变"(冯尔康,2005:17)。

所以,无论是传统的家文化还是近代家文化的发展,都存有社团化的组织,都存在自治的基因。

再次,表现为关系导向的自我主义。

在中国家文化的设计中,似乎没有个人的位置,中国的家族,对于个人而言,是一个有垄断性和支配性的集体,在这个集体下,个人变成了一个依存者。梁漱溟说:"中国文化最大之偏失,就是在个人永不被发现这一点上。一个人简直没有站在自己的立场上说话的机会,多少感情要求被压抑,被抹煞。"(梁漱溟,1987:260)但实际上,家文化又是重视自我的,只是这个自我不是把人孤立地看,而是讲求人与人的关系。梁漱溟认为中国是关系本位的社会,中国人的自我具有超越性,即在处理个人和社会的关系上,既不把重点放在个人,也不把重点放在社会,而是放在"此一人与彼一人之间的相互关系,而忽视社会与个人之间的相互关系"(梁漱溟,1987:94)。费孝通在"差序格局"中指出,在中国人的关系中,"自己"始终是一中心。他说:"在这个富于伸缩性的网络里,随时随地都有一个'己'作中心的,这并不是个人主义,而是自我主义。"(费孝通,1998:85)这表明,中国人的自我是存在的,但这个自我不同于西方的个人,而是指"己"。沙莲香指出,中国文化中的个人是有双重含义的,"己"是中国文化的单元,"从人本的意义上看,它是自致的,具有意志性;从人文意义上看,又有他致的,非个人意志性的一面。"但"在中国传统社会,'己'实体不具独立性,而是被'家'裹着",无论从社会结构还是人格结构来说,都是依附于家,是关系的依附者(沙莲香,2001:90)。因此,中国人的"己"是关系导向的自我,这种关系导向的自我使个人无法忽略他人的存在,无法在行为方式上表现出西方的个人主义,而是呈现出把与自己有关系的他人纳入自我概念的自我主义,Sampson 称之为"包容性个人主义"。Sampson 认为包容式个人主义(ensembled individualism)(Sampson,1988:129－178)在语意上应比个体主义和集体主义更能概括西方与东方有关人己关系的国民性,也比较符合费孝通所提差序性同心圆的人际关系论。包容性个人主义是与自足式个人主义相对的概念,如果把环绕个人身边周围的区域定义为自我区域,自足式个人主义人己的界限就划定在个人身体的边缘,而包容式个体主义却把自我区域扩大到纳入其他人,如家人、朋友、同事或同社会的人。这种仍以自己为中心,但其自我却包容了对其具有重要关系的包容式个人主义,其实质也是一种关系导向的自我主义。以关系为导向的自我主义并不是忽略自身的存在,是一种以自己为出发点,走向他人的精神。正是因为这种关系导向的自我主义,所以中国人从道德、修养的角度参与公共事务的热情,也就有了更为广阔的发展空间,从"个己"的实体边缘扩大到包括其他人。换句话说,儒家教养以"圣贤"期许人从修身、齐家到治国平天下,不断修养自己,历练去私功夫,将小我变成大我,当人我不分后,就能"推己及人"、"老吾老以及人之老、幼吾幼以及人之幼"。关系导向的自我主义,是"己"的自致性与理性的统一,这是家文化让人们扩大自我,兼善天下的设计,这正是现代公民社会公共参与所需精神所在。

二、家文化对公共参与场域结构的影响

从家文化的角度看公共参与场域,发现在家文化的影响下,公共参与场域结构具有如下特征:

第一,血缘的封闭性造成家庭公共参与场域的断裂性。在家庭场域中,家庭网络内的成员是通过相同的血缘关系联结起来的,所有成员凭着血缘的关系相互认同,组成一个紧密团结的整体。因为血缘性的联结方式,所以家庭成员的地位是通过先赋因素获得的,非血缘关系难以进入。在封闭的家庭网络中,深度信任、礼俗规范和基于血缘关系产生的自发合作意识、强烈的家庭本位观念,都有利于家庭网络内成员达成公共合作参与网络内的公共事务和公共问题。但同时,也形成网络成员在利益上公私分明,在行为上内外有别,导致家庭公共参与场域与社区、社会公共参与场域有明显的分水岭,使公共参与场域呈现出断裂性。人们对家庭场域中人讲义务、讲仁义,对家庭场域以外的人则更多地讲利益,有着明显的功利性。因此,人们在家庭场域中的参与呈现出较高的水平,但家庭场域以外的公共参与

水平明显降低。

第二,人际关系的差序性造成家庭、社区、社会公共参与场域的**层级性**。家文化中的人际关系是由血缘的亲疏和尊卑来决定的,这使人际关系具有明显的等级性和差序性特征。在纵向上,每个家庭成员根据血缘上的身份来排定地位,具有尊卑、长幼、亲疏、贵贱之分,也使得权威的分配主要按其等级的高低来分配,等级地位越高者,就越有越高的权威,这使得网络中成员的关系纵向上呈现出等级性的特点;横向上,也根据血缘关系确定接纳程度,一般是个人越靠近血缘关系的中心,就越容易被这个网络所接纳,越远离家族家庭网络,就越容易被排斥,人际关系也就越疏淡,这使得人际关系出现费孝通所说的差序性特征。家文化中人际关系的差序性特征表现在公共参与中,则是人们按照感情的亲疏关系决定对公共事务的参与程度,使公共参与场域呈现出层级性特征。在公共参与中,家庭参与程度最高,社区参与其次,社会最低,呈现出以家庭场域为中心,半径越长,参与程度越低的差序格局。

第三,**家国同构的社会结构造成社区公共参与场域的过渡性**。西方国家公共参与的过渡空间是社团而不是社区。在西方国家,家庭以外是社团,然后才是社会,家庭和国家之间的过渡空间是形形色色的社团组织,这种社团不一定是以空间位置为限的,可能是兴趣爱好,也可能是信仰等。人们除了家庭生活之外,就是加入各种各样的社团组织,其公共参与精神往往是通过这些社团组织培养起来的,正如托克维尔在《论美国的民主》一书中指出美国的结社自由造就了美国人民的自治、合作精神,因为"可以把政治结社看做是开办一所免费的大学,每个公民都可以到那里去学习结社的一般原理","他们要在这个政治社团里学会使自己的意志服从全体的意志,使个人的努力配合共同的行动"(托克维尔,1991:647)。人们在各种社团组织中学习怎样与他人相处,从而培养出公共精神。正是在这个意义上说,西方国家的公共参与的过渡是社团组织,而社团既与社区场域交织在一起,又与社会场域交织在一起。因此,社区场域与社会场域的公共参与没有区隔性。

中国的社会结构是家国同构,家以外是国家,不存在中间社团组织,人们是在家族中,以不自私的态度为家族奋斗而培养出的公共精神(杨中芳,1994:37),但这种公共精神,如何从家庭走向社会,在中国和西方国家却是不同的路径。中国家族的公共精神无法经由社团组织向社会扩大,而是通过"拟家庭化"或者"泛家族主义"(杨国枢,1994:237)向社会扩大,其中间状态不是人们主动选择的社团,而是人们被动卷入的地缘、业缘关系中的组织,是由邻里关系、同事关系、同学关系、同乡关系形成的组织。社区正是这样一种基于地缘关系建立起来的中间状态的组织。无论是空间位置,情感联系还是交往状态,都处于家庭场域与社会场域的中间状态,因而公共参与呈现出过渡状态,这是家文化影响下的一种具有中国特色的公共参与状态。

因此,我们看到,在家文化的背景下,公共参与场域的结构呈现出不同于西方国家的特殊性,具体表现为场域的断裂性、层级性及社区场域的过渡性特征,同时也使得公共参与呈现出以家庭场域为中心的差序格局的特征。由于家文化在家庭场域、社区场域、社会场域力量的不同,人们在家庭场域的参与呈现出责任取向,在社区场域中的参与呈现出身份取向,在社会场域中的公共参与呈现出道德取向。责任—身份—道德取向的不同,反映了从家庭场域向社会场域,人们的责任意识越来越弱,自由度越来越强的差序格局。这说明家文化是影响公共参与场域的重要因素,家文化对中国背景下的公共参与场域具有构型作用,这也是中国社会公共参与场域不同于西方公共参与场域的自主性特征所在。布迪厄指出:"对于置身于一定场域中的行动者(知识分子、艺术家、政治家或建筑公司)产生影响的外在决定因素,从来不直接作用在他们身上,而是只有通过场域的特有形式和力量的特定中介环节,预先经历一次重新形塑的过程,才能对他们产生影响。"(布迪厄、华康德,1998:144)因为家文化是中国社会大场域中的结构性因素,所以存在于中国社会这个大场域中的家庭公共参与场域、社区公共参与场域及社会公共参与场域必然受到家文化的影响。

三、家文化对个体公共参与惯习的影响

人们在公共参与场域中有四大惯习,即领域意识、和谐意识、权威意识和利他意识,这些公共参与惯习都发端于家庭场域,家文化深刻地影响着个体公共参与惯习。

(一)家庭是公共参与惯习的发源地。

血缘的先赋性培育了家庭领域意识。人们首先建立的是家庭领域的概念。因为家庭物理空间的对外封闭和对内开放的格局,使人们建立了区别于外部空间的家庭空间的概念;同时,家庭本身是基于血缘关系而形成的组织,血缘关系具有封闭性、先致性,一般人难以进入,所以使人们从心理上形成了家人和外人的区隔。基于家庭物理空间的封闭性和血缘的封闭性与先致性,人们在行为方式上也表现出公私分明,内外有别,对待家人和非家人,对待家庭事务和非家庭事务呈现出不一样的态度和行为模式。物理空间的封闭性、心理空间的区隔性、行为空间的差异性共同构成人们的家庭领域意识。每个人的社会化过程都是从家庭开始的,所以最早建立的领域意识

就是家庭领域意识。

家庭关系的网络性培育了人们的和谐意识和利他意识。在自给自足的传统社会,家庭是人们所拥有的唯一的组织和网络,也是人们解决生活需要和精神需求的领域所在,这使家庭成员无论在生活上还是在感情上都彼此依赖。正是这种相互依赖,人们在处理人际关系时,特别强调和谐,抑制冲突对立。它要求家庭成员和睦融洽地相处,即使发生冲突和矛盾,也应为家庭的整体利益着想,隐忍妥协以维持家庭和谐。同时,生活上和情感上的相互依赖也使人们相信,"他之依赖别人正如别人之依赖他"(许烺光,1990:1),所以维持和谐的人际关系对自己是有利的。同时,人们在家庭场域中会有较强的利他意识,"不期望回报而有利于他人的意识。表现在行为中,就是无条件帮助他人。也就是说,助人者的动机是自愿的,要被助者获利,而非以帮助作为手段,欲求他人酬赏"(朱瑞玲,1994:647)。利他意识的产生,一方面是因为人们对家庭成员的依赖需求;另一方面是因为家庭网络影响具有持久性,人们相信终会有回报,无论时间是多久。

家庭观念的等级性培养权威意识。影响人们公共参与的权威意识也来自家文化,是家文化等级观念培养出来的。中国传统家文化有严格的等级秩序,围绕父亲这个权力中心,家庭强调忠和孝,辈分高的、年纪大的人和男性占有崇高的地位,形成权威中心,辈分低的、年轻的、女性对权威只有服从和依赖,"父为子纲"、"夫为妻纲"就是这种权威文化的反映,长期浸润在这种权威文化中,在家庭中养成的服从辈分高、年纪大和男性权威的意识,逐渐内化为人们性格的组成部分,使人们在家庭之外也有极强的权威服从和权威依赖倾向。

综上所述,我们可以看出,领域意识、和谐意识、利他意识及权威意识等公共参与惯习都发端于家文化,家庭是培养公共参与惯习的发源地。

(二)家文化的泛化促使家庭参与惯习的延伸。

领域意识、和谐意识、利他意识和权威意识都发端于家庭中。但因为在家庭之外,人们的关系模式、处世方式是比照家庭进行的,即中国人的家的概念可以泛化到家族以外的组织和团体,家族中的结构形态、关系模式及处世方式亦可推广、概化或带入到非家族性的团体或组织之中,家文化的这种推广和泛化,也导致公共参与惯习向外延伸。

家庭领域意识可以向外延伸,成为社区领域责任;而社区领域责任亦可向外延伸,成为社会领域责任。因为领域责任意识是相对而言的,是相对于一个更大的范围而言的私域的概念。

家庭场域中的和谐意识和利他意识是传统文化中"仁爱观"形成的源泉。因为家庭利他意识是始于血缘的"仁爱",这种仁爱行为从对亲人的包容、帮助和关怀开始,推及朋友及"五伦"以外的人群,所以家庭和谐意识和利他意识在文化上具有转移性和延伸性,在社区场域表现为邻里和睦精神和邻里互助的精神,在社会场域则表现与陌生人友好相处并热心帮助陌生人的精神。

家庭权威意识转移到社区场域、社会场域则是对年长者、男性及德高望重者的尊重和依赖,使人们在面对公共事务时,有两种表现形式:一方面是遇事循规蹈矩,缺乏自主精神;另一方面是洁身自好,消极避事,认为多一事不如少一事。这在社区公共参与场域、社会公共参与场域中都有表现。

因此,我们说,由于家文化的泛化,沉淀在人们的心智模式中家庭领域意识、利他意识、和谐意识和权威意识,具有可转移性,可以从家庭场域转移到社区场域、社会场域,从而使家庭场域的公共参与惯习向外延伸。

(三)惯习与场域的契合导致公共参与差序格局的形成。

根据场域理论,不同的场域具有不同的"逻辑的必然性",即"每一个场域都具有自身的逻辑、规则和常规",因而每一个场域特有的逻辑和必然性"不可化约为支配其他场域和运作的那些逻辑和必然性"(布迪厄、华康德,1998:142)。人们在家庭场域、社区场域和社会场域也遵循各自不同的逻辑,这种不同的逻辑使人们的参与行为呈现出差异性。

领域意识、和谐意识、权威意识和利他意识是家庭公共参与场域的逻辑、规则和常规,也就是说,家庭场域是产生这些惯习的原生性场域。因此,这些惯习在家庭场域中应有较好的表现,因为"当惯习遭遇了产生它的那个世界时,正像是'如鱼得水',得心应手:他感觉不到世间的阻力和重负,理所当然地把世界看成是属于自己的世界"(布迪厄、华康德,1998:172)。

但是,场域与惯习是有契合性的,把产生于此场域的惯习移植到彼场域中去,会产生部分或全部的"水土不服",使惯习的作用降低或丧失。正如布迪厄所强调的,"完全相同的惯习,在不同的场域刺激和结构中,会产生不同的,甚至相互对立的结果"(布迪厄、华康德,1998:179),所以,领域意识、和谐意识、权威意识和利他意识这些产生于家庭场域中的惯习,在社区场域、社会场域中产生不同的影响。社区场域与社会场域相比较而言,社区场域在物理空间、心理空间和行动空间的特点更接近家庭场域,因而家文化惯习对其影响更大,所以人们在社区公共参与场域的参与水平要高于社会公共场域的参与水平。

综上所述,家文化既有阻碍公共参与的因素,又有推动公共参与的积极因素;不仅影响公共参与场域的结构,而且对个体公共参与惯习产生深刻影响。根据布迪厄的场域—惯习理论,人们的公共行为是场域与惯习共同建构的结果,家文化使不同的公共参与场域具有不同特征,并进而影响人们在公共参与场域中的惯习;而推动公共参与的领域意识、和谐意识、权威意识和利他意识等惯习原生于家庭场域,深受家文化的影响,并因与场域的不同契合程度,使家庭、社区和社会场域的公共参与呈现出以家庭场域为中心的差序性特点。因此,家文化在公共参与场域中扮演着重要的角色,它决定着公共参与的场域结构,影响着公共参与惯习,并进而影响公共参与场域与公共参与惯习建构的公共参与行为,因此,我们可以说,家文化是影响公共参与场域的深层因素。

第三节 家文化的现代转向

具有继承性的民族精神,即民族意识和潜意识的基本构造可以称为文化基因。文化基因包括风俗、习惯、观念和各种看得到的行为,但它却不是特点的堆砌,而是带有一定生命特征的观念体系或心理构造(白祖诗,2002:52)。"家文化"就是这样一种文化基因,这种文化基因,通过一代代人遗传下来,影响乃至支配人的心理与行动,具有超强的稳定性。梁漱溟之所以称中国是"历久不变的社会,停滞不进的文化"(梁漱溟,1987:12),就是因为家文化背景"能使中国人轻松自如地在向心的中国宗族结构和'人际关系完全调和'这一理想的框架内满足其社交、安全和地位的需要"(许烺光,1990:225)。历史上,不少激进分子提出各种家庭革命理论并推动家庭革命的社会运动。康有为在《大同书》里提出"去家界为天民",即废除家庭的主张。辛亥革命前后,一批先进思想家提出家庭革命的理论,认为政治革命必须伴以家庭革命,以致视家庭革命为政治革命的前提。无政府主义者甚至宣扬"毁家"、"灭家"的主张。"五四"新文化运动以反帝反封建为目标,高举科学与民主两面旗帜,对旧传统、旧道德、旧文化进行了猛烈的抨击,在家庭和家庭伦理的问题上主张激烈的变革。所有这些,都对"家文化"造成强烈的冲击,但并没有动摇"家文化"的根基,"家文化"仍以顽强的生命力渗透于中国社会的许多方面。龚自珍、孙中山曾提出文化适应观,指出中国人家族和宗族文化根深蒂固,要推进社会的发展,可以把由家族和宗族产生的积极观点推广开来,先有家族,再推到宗族,然后是国族(转引自汪澍白,1989:371)。而梁漱溟和晏阳初则提出"文化改良论",认为中国社会的内忧外患、解决的出路在于改变"文化失调"的状况,其立场在于不变革传统"家文化",而是作一定程度的改良,以使其适应当时的社会发展(转引自汪澍白,1989:371)。他们不是简单地把宗法关系镶拼到社会体制上去,而是试图促成有限的变革。这种文化改良对当时的中国社会起到了一定的推动作用。在由传统向现代转换的过程中,家庭的结构和功能虽然发生了变化,但是以顺应、变迁为基础的回归家庭的意愿和趋势却以异乎寻常的状态显示了出来,以人为本,追求和谐的现代理念的提出和社会主义荣辱观的确立,就是中国家文化在中国当代社会的发展和升华。

传统社会中的家庭是一个生产系统,是人们生活资源的获取和生活意义的所在,人们几乎可以在家庭中满足所有的需要。但是,现代市场社会由于商品经济将整个社会连接成为一个"需要的体系",独立的个人也不得不冲破传统家庭中"人的依附关系",加入到公共领域。哈贝马斯非常明确地指出:"作为政府的对立面,市民社会建立了起来。迄今为止一直局限于家庭经济的主动性和依附性冲破了家庭的藩篱,进入了公共领域。"(哈贝马斯,1999:101)历史通常是波浪式地向前发展的。托夫勒在《第三次浪潮》中将整个人类文明分为三个时期:农业社会时期为第一次浪潮,与之相对应的是生产家庭化;工业社会时期为第二次浪潮,与之相对应的是生产社会化;新产业革命或新技术革命为第三次浪潮,与之相应的,托夫勒认为又是生产家庭化。尽管"回家论"已经遭到来自四面八方的反对,而且所提出的具体预测还有待于实践证明。但就目前情况分析,生产社会化一旦达到某种程度,都必然会出现像生产家庭化回归的趋势,当然这种回归不一定回到原来的起点(托夫勒,1983:258)。这种预言在现代社会已初见端倪,随着商品经济的发展,不少商品生产者的生产形式,已经使得家庭空间和公共生产空间无法严格区分;同时,随着信息革命和技术环境的日新月异,新的家庭办公模式也使传统的家庭空间和公共领域越来越模糊化。家庭不再是封闭性的,它与社会的大系统具有密切关系,受社会生产的整个系统决定。这样,个人精神生活的意义自然更多地指向社会而不是家庭。家庭是市民社会的一部分,个人投入公共领域是由家庭生活需要所推动的,在公共领域的行为摆脱不了家庭生活、家庭文化的影响。这就使家文化与公共领域不可避免地结合在一起。马克斯·韦伯在《新教伦理和资本主义精神》中,给社会学者提供了一个新的视角,即用宗教信仰作为精神支柱,以推动经济的发展。中国也有宗教,但就整体而言,宗教没有在中国人的精神生活中占据主导位置,中国人的精神归属和依托不是上帝和天堂,而是祖宗和圣贤,是家文化。因此,要解决现代道德价值观的蜕变,人际关系的紧张,必须对曾经摒弃的以家庭伦理为本位的传统进行回顾和反思,重视家文化的精神支柱作用。

家文化是影响公共参与场域的深层因素。在家文化的背景下,人们的公共参与惯习具有一定的稳定性。但惯习并非一成不变的,惯习具有历史性,是可变的,它是"一个开放的性情倾向系统,不断地随经验而变,从而在这些经验的影响下不断地强化,或者调整自己的结构。它是稳定持久的,但不是永远不变的"(布迪厄、华康德,1998:178)。因为惯习"在历史中建构的、植根于制度的并因而是一种作为社会性变量而自在的生成性母体"(布迪厄、华康德,1998:19),所以惯习会随着社会制度、社会文化的发展变化而变化。

中国现代社会正处于社会转型期。社会转型意味着社会的整体变迁,它并非仅指社会某一领域某一层次的变革,而是在经济转型的推动下的社会整体的质变,它包含社会结构、社会制度和社会文化的整体变化。产生并适应于小农经济下的家文化在现代商品经济的推动下也不可避免地发生变化。

一、家庭领域意识转向公民社会领域意识

传统的家庭领域意识惯习,是建立在家庭本位观念基础上的,对自己所归属的家庭场域的边界的认识。在传统家庭本位意识下,家庭场域的边界仅限于家庭的物理空间的边界,即门和窗,把门窗以内的范围视为私有空间,把这个空间范围内的一切事物视为与自己是一个整体,与自己荣辱与共,息息相关。这种领域意识具有封闭性,对于领域内的环境及人,具有较强的维护、保护和发展责任,保护责任甚于发展责任。当有人破坏自己所属家庭领域的环境,欺侮自己所属领域的人员时,会有责无旁贷的干涉义务。但对领域意识以外的环境或人,则表现出较为冷漠的状态,既不关心其环境状态,也不

关心其中人员的互动交往。在行为中,把该领域作为一个独立于自己所属领域之外的世界,既无保护意识,甚至会不自觉地进行破坏。

公民社会的领域意识,是开放的领域意识,是一种无边界的领域意识,是把行为人所涉足的都视为自己所属领域的概念,是一种把个人、国家和社会利益视为一体的意识。在这种意识下,人们会以社会公共事务为己任,对于公共领域的环境、人以及与公共利益相关的事务,都会有义不容辞的责任担当。表现在公共卫生的参与中,则是不但要维持广场、公园、街道等处的卫生,对他人的破坏行为,也要尽其所能去制止,表现出公民的责任感。

在社会转型中,家庭领域意识逐渐向公民社会领域意识转化。随着公共领域的扩大,人们的公共生活的卷入程度越来越高,诸如"非典"事件、黑龙江水污染事件等公共卫生事件的发生和扩大,使人们越来越认识到公共领域与自己的利益相关性,也使人们的领域意识逐渐往外扩大。在公共卫生参与的调查中,我们也看到这种趋势,人们不仅在家庭中有较强的领域意识,对家庭公共卫生有自觉维护和干预他人侵犯的信念,并且这种领域意识也延伸到社区和社会,只是相比较而言,由于边界的明确性和距离的远近不同,社区领域意识远远高于社会领域意识。

二、压抑自我的和谐意识转向自主的和谐意识

所谓家庭和谐意识是指以强调和谐、抑制冲突对立作为处理家庭人际关系的基本原则的意识。传统家庭中,人们把和谐的家庭人际关系看成理想的人际关系,提倡"家和万事兴",要求家庭成员之间相互关怀爱护,彼此和睦融洽地相处,要求个人自觉地对家庭承担责任和义务,以便使家庭凝聚成一个统一的整体。即使在家庭中发

生冲突和矛盾,作为一家人,人们也要为家庭的整体利益着想,作出妥协退让,让家庭回归和谐。传统的和谐意识是压抑人性的和谐意识,是建立在家庭成员之间"尊卑有等,贵贱有序"的等级隶属关系之上,是一种不平等的和谐统一,这种和谐统一是以牺牲个人的自主性为代价的和谐,是听命于长者、权威、男性的无原则的妥协。现代社会虽提倡和谐,但不提倡压抑本性、扭曲个性的和谐,而是提倡在自由、平等的基础上,追求良好的人际关系,对于不同的意见和行为,具有较高的包容性,并进一步产生积极合作的行为,这是一种人性化的和谐追求,是自主的和谐追求。在现代家庭公共秩序参与中,我们看到在发生人际冲突时,人们的忍让水平并不高,即使在家庭也是一样,对长者、对权威、对男性并没有无原则的忍让。在和家人发生争执时,不因为情感因素、功利因素或者是人情面子因素而放弃自己的立场,人们更倾向于追求理性和平等的和谐,这表明了人们自我意识的张扬和上升,说明传统家庭不平等的和谐意识向现代平等和谐意识的转向。

三、等级性的权威意识转向平等的权威意识

所谓家庭权威意识是指在是以孝为核心的封建家长专制文化中,服从和依赖年长者权威和男性权威的意识。家文化体系中,人们对权威的服从,并不是一种基于认同的服从,而是基于压力和惯习的服从。

现代社会,随着社会的转型,传统权威开始向法理权威和个人魅力型权威转型,人们对权威的被迫地服从和依赖转向对权威的认同、服从和依赖。就权威压力而言,传统的权威压力只是表现在权威对权威追随者的压力,而现代的权威压力同时也表现在权威被权威追

随者期待的压力,这一趋势,在公共讨论的参与中也显示出来。在公共讨论的参与中,被认为是传统权威的男性和年长者,比女性和年轻人具有更高的参与意识,就是这种权威意识惯习的反映。他们在访谈中都表示,参与公共事务的部分原因是出于公众的期待。这说明,现代社会的新型权威模式不是垂直的,而是平行的,权威者的责任胜于权力,权威者对于非权威者没有权力压力,而只有在非权威者的期待中产生自我压力。同时,人们对权威的服从也不是基于传统的身份地位因素,更多地是基于经验判断和权威者的个人魅力。在公共讨论参与中,人们提到的对权威的服从要素主要是"德高望重"、"能力强"、"有经验有学识"等因素,而不是因为年龄、性别等因素,这意味着传统权威的力量已经逐步消解,法理权威和个人魅力权威已成为现代权威的主流,这表明现代人的权威意识从不平等的权威意识逐步向平等的权威意识转型。

四、绝对的利他意识转向相对的利他意识

所谓家庭利他意识是指在家庭领域中,由于家本位、群体本位的观念,人们在行为中表现出的不计报酬的利他意识。传统家文化建构的利他意识,是一种完全无私的利他意识,是一种为了家族利益,为了家庭成员的利益,可以放弃一切自我利益的,具有自我牺牲性的利他意识。这种意识作为一种惯习,在社会公共生活中,则表现出助人为乐,甘冒风险、舍己为公,无私奉献的行为。

但是,在公共参与中,这种利他意识与传统家庭利他意识有区别。在自觉性参与层面,人们在公共合作参与中表现的是同情心导向的利他意识,因为社区场域与行动者个人有情感联结,而社会场域与行动者个人没有情感联结,所以利他惯习能在社区场域发挥作用,

但不能在社会场域发挥作用;在公共合作参与的自我归因中,人们明确表示是否帮助他人十分看重诚信因素。这表明人们的利他惯习不是完全无条件的,而是掺杂着情感或道德因素,这意味着,在现代社会中,人们的利他意识从完全无条件的利他意识向有条件的利他意识的转向。

事实上,在生物学家看来,人们在家庭中的利他行为,也不是完全无私的,也有自私的成分。生物学家认为人天生就有自私的基因,父母为了保护自己的孩子而作出了极大的牺牲,是因为父母的基因由此可以传递下去。即使是动物以牺牲自己保存种群生存的利他行为,在一定程度上,也是自私基因所致。"一个按照这种原则行动的动物,假如他能够以自己的一死拯救两个以上同胞兄弟的生命——至少不低于此数,那么,他就会为此而献出自己的生命"(Hamilton,1963:355)。威尔逊认为"人的利他行为的多数表现,说到底含有自私的成分"(威尔逊,1987:142),无条件的利他主义即使在直系亲属之间很难完全做到,在亲属圈子之外,更是如此。"人的利他行为旨在为近亲效力,强度和效率随着血缘和亲属惯习的远近而急剧下降,从而成为有条件的利他主义。"(杨春学,2001)所以,在公共合作参与中,这种有条件的利他意识的表现,也是有一定程度的利己成分在内的,人们会考虑自己的情感、道德及某种特别的功利因素,这可以说是一种利己的考虑,这种利己是一种费尔巴哈所指出的,含有利他成分在内的"善的、富有同情心的、合乎人情的利己主义"(费尔巴哈,1984:416),也是车尔尼雪夫斯基所说的"合理的利己主义",这种"合理的利己主义"、"更是充满了社会性、责任感和自觉精神"(车尔尼雪夫斯基,1998:74)。

传统家文化强调的缺乏个体意识的利他,是以牺牲自我、否定自我为代价,把"大公无私"、"毫不利己,专门利人"的利他理念作为生活伦理,是一种对人格的压迫,这和公民社会提倡的"健康的自私",即符合人的本性的自私、承认自我利益的正当性是相悖的,是缺乏动力和长久生命力的。这种有条件的利他意识,健康的利他意识,更容易内化为人们的社会责任规范意识,使人们在日常生活中,遇到自己认为值得帮助的人,即使没有外来奖赏,也会主动帮助,因为人们是帮助自己认为值得帮助的人,并且对这种利他行为是有高度的心理认同的。从完全无私的利他意识转向有条件的利他意识,是家文化中利他意识的发展和进步,彰显着独立的人格。

从公共参与惯习的角度看家文化的现代转向,从家庭领域意识走向公民社会领域意识,扩大了公民参与网络,拓展了培养公共精神的渠道。从压抑本性的和谐意识走向平等的和谐意识,从不平等的权威意识走向平等的权威意识,从无条件的利他意识走向有条件的利他意识,表明了现代人的自我意识的提升和张扬,有利于人们的公民意识的建立,并在符合本性的基础上参与公共事务,为公共参与提供持续的动力。因此,家文化的现代转向有利于人们普遍地、持续地参与到公共事务中去,是推动人们公共参与的动力性因素,有利于公共参与场域的构建。

第四节 现代家文化视角下公共参与场域的构建

美国文化社会学家 E. 希尔斯说:"即使我们承认,每一代人都要修改前辈传递下来的信仰和行为范例,我们还必然会发现,大量的信仰过去被拥护,现在仍然被拥护,许多行为范例过去被奉行,现在仍然被奉行,而且,这些信仰和模式与近期出现的范型相互并存。"(希尔斯,1991:52)希尔斯的话正是现代家文化的反映。一方面,传统家文化与现代生活已发生错位,不能完全适应现代生活,但又有很大的稳定性,因而现代生活中仍存在着家文化的某些因素;另一方面,尽管现代生活仍继承着传统家文化的某些内容,但这种继承不是一成不变的复制,而是有所修改地被接受并发展。所以,在现代家文化的视角下构建公共参与场域,不但意味着继承和发展家文化,还意味着创造和改良家文化,从而丰富家文化的现代内涵,达到传统文化与现代生活的辩证统一。笔者以为,应从以下两个方面实现公共参与场域的构建:在宏观层面,增加社区公民参与网络,提升社区参与功能;在微观层面,推进家文化转向,改善公共参与惯习。

一、增加社区公民参与网络,提升社区参与功能

西方社会,家与国之间的中间组织是社团。普遍的社团组织、信任、互惠等社会资本是推动人们公共参与的重要因素,而信任和互惠等社会资本又是在形形色色的社团组织中培养出来的。但在家文化的背景下,这些推动公共参与的社会资本要素无法通过社团生活来培育,一方面是因为社团组织较少,另一方面,对于重视血缘和地缘关系的大部分中国人来说,组织或是加入基于兴趣、爱好、信仰等因素自发结成的社团,还是全然陌生的事情,对于人们的生活理念、价值观念、行为模式是较大的挑战,因此短时期内难以得到人们普遍的认可和投入。

中国的社会结构虽不存在中间组织,但在社会场域和家庭场域中间,存在一个过渡的场域,即社区场域。就公共参与场域来说,对于重视地缘关系的中国人,社区场域就是人们从家庭走向社会的中

间阶段。社区场域中人们的交往模式既具有一定程度的家庭情感性,又具有一定程度的社会场域的工具性,成为人们从封闭的家庭场域走向完全开放的社会场域的一个过渡,因而通过增加社区公民参与网络,提升社区参与功能来完善公共参与场域,便是一个现实选择。

家庭参与网络作为重要的社会资本,在传统社会发挥着重要的功能,维护着传统社会的安全及秩序,满足着传统社会人们的情感需求。但是,随着经济的发展,传统社会向现代社会的转型,家庭参与网络的社会资本功能式微。随着城市经济体制改革和管理体制的推进,单位制作为社会调控方式的作用在逐渐削弱。因此,地缘网络——社区参与网络逐渐成为人们进行社会交往的主要场所。随着社区建设的推进,社区内的各种各样的公民参与网络呈现出一种从无到有,从单调到逐渐丰富多彩的过程。这主要表现在社区内的各种公民社会组织的增多上;这些公民社会组织既有各种职能组织,如社区自治组织、业主委员会、慈善组织、志愿团体、基金会、邻里组织、老人协会;也有各种兴趣组织,如各种文化协会、体育协会以及各种俱乐部、读书会等。但是从总体上来说,社区中的各种公民参与网络总量不足,人均拥有量较少,并且网络内的资源不丰富[1],不能从根本上满足人们的生活交往及情感需求。因此,需要增加社区公民参与网络的总量,丰富社区参与网络的资源。

现代社区不完全是传统的"熟人社会",成员的异质性程度较

---

[1] 比如朗友兴就认为,"在许多社区,社区仅仅是社区居民的一个居住地,而非社会关系网络的中心。许多调查显示,当社区居民遭遇困难,需要获得帮助时,首先找的是亲戚、朋友、同学,或者同事、单位,能够主动寻求社区组织或者邻居相助的比较少。这就是说,社区居民关系网络的主体在社区外,而不在社区内部。"(朗友兴,2005)

高,他们对社区事务或活动的关注、参与欲望和参与程度也有较大差异;就社会福利而言,居民对社区的利益依赖普遍较低,大部分居民的福利和保障都是从其所属单位获得,这也使得居民的社区归属、认同感缺失。目前人们住在一起的原因主要是买房或单位分房,却缺乏营造社区共同感的过程或活动,而利益纽带的缺乏或弱化是社区归属感不强的另一个重要因素(朗友兴,2005),再加上市场经济所引发的拜物主义和个人主义的盛行,使越来越多的居民满足于自我利益,较少关心他人和社区利益,公民信任感和社区安全下降,这些因素都导致社区的普遍性互惠规范也很难形成,使得城市社区的普遍互惠规范的水平较低。

同时,在社会转型期,社区内成员"地域意识弱化,与农村相比,城市的社会分工很细,生活节奏也很快,住宅多呈封闭性,这些因素导致了地域意识的降低"(隋广军、盖翊中,2002)。在一些组建不久的社区,人与人本来就不熟悉,再加上社区内缺乏一个有效的交往平台,社区成员之间大部分不相互理解,相互沟通与交往难以进行,因此出现了社区中人际关系淡薄、人际信任缺乏的现象。"人际关系冷漠、关系网络缺乏自然又与交流渠道减少、交流时间减少、交流的平台减少和交流动因减少有关。"(朗友兴,2005)据田凯对武汉市城区进行的市民生活质量的调查结果表明:"城市居民邻里关系呈现淡化与表层化的特点,邻里范围缩小,邻里交往深度降低,具体表现在市民同邻居间交往的频率偏低,缺乏情感交流;市民缺乏相互了解;邻居间的相互支持功能弱化。"(田凯,2003)

因此,重视发展和丰富社区内的公民参与组织,建立多种让人们有效沟通的平台,可使人们在社区的不同组织中进行互动和沟通,形成更多的共同性,增强对社区成员的情感与社区归属感,从而培养人们良好的互惠规范和扩大家庭信任半径,不断提升社区参与功能。

二、推进家文化转向,改善公共参与惯习

从前面的分析我们可以看出,无论是领域意识、和谐意识、权威意识还是利他意识中,都有有利于公共参与的一面;但同时,也有阻碍公共参与的一面,如封闭的领域意识影响人们公共精神的扩大化,压抑人性的和谐意识、不平等的权威意识影响人们对公共规则及公共参与的认同,而完全无私的利他意识则使公共参与缺乏持久的动力。在人们的公共文明参与中,我们看到了现代人们公共参与惯习的转向,从封闭的领域意识走向开放的领域意识,从压抑本性的和谐意识走向自主的和谐意识,从不平等的权威意识走向平等的权威意识,从无条件的利他意识走向有条件的利他意识。这种转向是有利于推动市民的公共参与的。但这种转向还需要经历一个缓慢的进程才能完成,传统家文化的影响还在一定程度上、一定范围内作用于人们的思想意识,因此,要改善公共参与惯习,推进公民社会的进程,需要从如下三个方面做起:

首先,要超越家庭领域意识,培养对社会整体利益的认同。

家庭领域意识使人们在封闭的领域内建立了深度信任,并养成互惠习惯,形成高效的情感性合作,这种惯习有利于人们积极参与到所属群体的公共生活,但这种封闭的领域意识不利于人们对家庭以外的公共生活的参与,如弗朗西斯·福山指出:"在有些情况下,一个群体内部的强大伦理纽带实际上会降低群体成员对非群体成员的信任程度及其与他们的合作效率。一个纪律严明、组织良好、成员价值观高度一致的群体能够采取协调有序的集体行动,但是它也很可能会成为社会的障碍。"(弗朗西斯·福山,2001)福山分析,在中国

和意大利中南部地区,正是因为家族观念根深蒂固,人们缺乏家族以外的、范围更广的一般性社会信任,所以不但阻止群体接受外部环境的有益影响,甚至极大地引发对非群体成员的不信任、褊狭甚至仇恨和暴力。因此,要培养公民意识,推动人们在公共场域中积极参与公共事务,应超越狭隘的家庭领域意识,培养人们对社会整体利益的认同。爱德华·希尔斯指出,公民认同还意味着随时准备节制个人或地区与集团的特殊利益,而将共同利益置于首位(爱德华·希尔斯,1999:213)。因此,将社会共同利益置于首位是公民社会的美德,公民具有这种对整体利益的认同,就会建立以整体利益为归依的价值取向,并在此价值观的指导下培育出公共精神。

培养对社会整体利益的认同,需要借助开放的平台。家庭和家族组织是只能凭借血缘关系进入的封闭性组织,一般人无法进入,因而其平台也是封闭的,而社区、社会公民参与网络的平台是开放的,人们可以在这个开放的领域中,通过丰富多彩的活动,进入到更多的、更广泛的公民社会组织中。家庭领域意识逐渐淡化,领域观念慢慢通过不同的组织逐渐向外延伸,最后形成包容全社会成员的大的领域。

其次,要培养自由平等观念,不断提高公民公共参与的自主性。

家庭权威是建立在血缘基础上的传统权威,在家庭权威意识的影响下,人们只知道服从与接受,缺乏与权威平等的观念和自主意识,表现在公共参与中,则是参与公共事务的自觉性较差,缺乏参与的主体意识,认为决策是权威的事,自己只要服从就行;其次表现为参与的理性化程度不高,在被动、服从、附庸意识的影响下,缺乏公共事务的责任感,要么不参与公共事务,要么凭借冲动盲目参与或者是追随大众随意参与,参与过程中的建议能力和建议意愿低下,极大地阻碍了公共参与的发展。

随着现代化的进程,以血缘地位为基础的权威正在消解,我们在人们的公共讨论中参与亦可看到这种趋势。人们在公共事务的讨论中,愿意依赖和遵从的,是有知识、有能力的权威,而不仅仅是年长者和男性权威,这说明以血缘关系为基础的不平等的权威模式正在向以法理权威或是个人魅力权威过渡,这是从不平等的权威向平等的权威的过渡,反映人们的平等观念的发展。

事实上,建立自由平等的参与意识,使人们认识到自己是公共事务参与的主体,认识到自己在公共决策及公共事务参与中的力量,能有效地提高人们的公共参与的热情。公民参与网络的培养是一种日常生活中培养自由平等意识的重要方式。公民根据自己的兴趣,参与到不同的公民社会组织中去,自由地发表意见,并与组织成员进行平等的交流,长此以往,自由平等的意识不知不觉地就成为一种行为惯习,人们的社会责任意识也随之增强,也更乐于投入到公共事务之中。

再次,要完善个体主义人格,培养社会公德意识和公共精神。

家庭本位的价值观,表现在个人身上就是个人为了寻求家庭的认可,不得不为了家庭利益牺牲个人利益,为了家庭和谐而牺牲个人心理和谐,从而造成对自我的压抑和扭曲。现实生活中,当个人的观念、感情与愿望和家庭、家族的集体规范存在尖锐矛盾时,基于种种家庭规范,个人不得不扭曲、压抑自己的意志,服从于家庭的利益和集体的意志,即只有集体主义而没有个人主义。正如陈独秀指出,以家庭为本位的价值观对于个人成长构成四大危害:"一曰损坏个人独立自尊之人格;一曰窒碍个人意思之自由;一曰剥夺个人法律上平等之权力;一曰养成依赖性,戕贼个人之生产力。"(陈独秀,

1984:89）

  在公共参与中，我们看到家文化惯习在现代转向中呈现出与传统家文化不一致之处，即家庭和谐意识从压抑本性的和谐走向自主的和谐，从无条件、无私的利他意识走向有条件、建立在合理的自私的基础上的利他，这表明人们的自我意识的进步和发展，是公民社会提倡的合理的个人主义的张扬。公民社会提倡完善个体主义人格，它的基本意义在于，承认公民是独立的个体，并且明确自己知道根据宪法和法律具有什么样的权利与义务。只有具有这种强烈的个体意识、独立人格，公民个人才能更充分地挖掘自己的能力，整个公民社会就会充满生机。人格的独立性是公民参与公共事务的前提。当然，个人的主体性与对他人、社会、自然的责任是分不开的，因为主体人格同时也意味着个体与社会之间、个体与个体之间直接交往时均应保持礼貌、谦逊、尊重、克制等良好的风范，公民认同他人至少具有与自己同等的尊严，并尊重他人。在尊重个体的前提下，公民形成独立的人格、自知自律的行为倾向、善待生命社会的慈悲胸怀，进而培养出社会公德意识和公共精神。

余 论

2008年,中国的奥运年。北京奥运不仅是举世瞩目的国际大型体育赛事,更是全方位展示中国形象及国际化程度的重要窗口。市民在公共文明参与中的良好精神风貌和道德水平,将会使世界更了解中国,同时为中国赢得更多参与国际经济合作和文化交流的机会,有助于为中国树立文化底蕴深厚、现代文明发达的现代化国家形象。中国人民大学人文奥运研究中心展开的一项"北京市民人文行动问卷调查"结果显示,由"公共卫生"、"公共秩序"、"公共交往"、"公共观赏"、"公共参与"指数综合而成的公共文明行为指数为73分,属于中等偏上水平。这与北京作为国家首都、历史文化名城和现代化国际大都市的要求有较大差距。同时,我们还可以看到,在其他城市、其他场合,如旅游景点等,人们的公共文明参与状况更是有待提高。提升国民文明素养、提高公共文明参与水平迫在眉睫。

冰冻三尺,非一日之寒。当前市民公共参与状况并非偶然,有其历史文化成因,提升公共文明参与水平,也绝非靠制定文明公约就可以改善的。因此,笔者认为,探寻隐藏在公共文明参与背后的深层因素,将有助于激发人们公共参与的深层动机,更加有效地推动公共文明参与。基于如上原因,笔者决定从场域的视角,引入"公共参与场域"和"公共参与惯习"两个概念,对公共参与进行研究,试图找出影响公共参与的深层因素。

在公共参与行为的研究中引入"公共参与场域"和"公共参与惯习"两个概念,可以更好地理解当前人们在公共领域中的行为选择及影响行为选择的深层因素。

首先,有助于从一个全新角度去思考人们的公共参与行为。按照布迪厄的看法,场域具有一种自我重构的特殊逻辑,所有外部权力的渗入,只有通过场域的独特形式的调解之后,才会间接地影响到行为者的身上(布迪厄、华康德,1998:139)。我们认为公共参与场域同样具有这样一种普遍性的特征:处于公共参与场域的行动者并非直接承受外部的压力;相反,所有外部权力的渗入,只有通过公共参与场域的独特形式的调解之后,才会间接地影响到市民的身上。也就是说,人们在不同的公共参与场域中的行为,经不同的场域独特的形塑后才能产生作用。现代社会讲求工具理性,追求经济利益的意识形态在公共参与场域产生作用也必须经过不同的公共参与场域的特殊的逻辑形塑后才能产生作用,如在家庭场域的责任逻辑、社区场域的身份逻辑、社会场域的道德逻辑等。人们在公共参与场域的行为取向,是理性选择和符合场域逻辑的综合考量的结果。从这个意义上说,"公共参与场域"的概念的提出,也反驳了机械决定论那种无视现实中人们的实际利益追求,将个人或群体完全看成社会环境的承受者,把公共参与行为全然看做一种社会结构限定的行为的做法。同理,从"公共参与惯习"的角度看,市民之所以是以这样那样的方式思考,以这样的行为或这样的言说方式作为其存在的表征,是因为存在着公共参与惯习,而公共参与惯习决定着公共参与场域内人们公共参与的行为逻辑。某种公共参与惯习要能够在现实中影响人们的判断或指导人们的行为,一定是经过了现实的主流文化价值观、人格特征和社会情境的筛选,在现实生活中建构出来。

其次,有助于理解人们在不同的公共参与场域中的行为取向。布迪厄认为场域是由社会成员按照特定的逻辑要求共同建构的,是集中的符号竞争和个人策略的场所。这种竞争和策略的目的是有价值的符号商品,而符号商品的价值依赖于有关的消费者社会对它的归类,符号竞争的胜利意味着一种符号商品被判定为比其竞争对象拥有更多的价值,并可将之强加于社会(布迪厄、华康德,1998:65)。从这个角度看,在家庭公共参与场域中,责任就是一种符号;在社区场域中,身份就是一种符号;在社会场域中,道德就是一种符号,且责任、身份和道德在家庭、社区和社会不但是符号,还是一种符号暴力。所谓符号暴力,就是在与一个社会行动者本身合谋的基础上,施加在他身上的力量。社会行动者对那些施加在他们身上的力量,恰恰并不领会那是一种权力,反而认可了这种权力。布迪厄将这种现象称为误识,即属于某些范畴的言说者被剥夺了在某些情境下说话的能力,而且,人们还经常接受这种剥夺(布迪厄、华康德,1998:65)。所以,在家庭公共参与场域中,家庭责任意识、家庭本位观念对于大多数人而言,是行动的终极目标,对于参与者本人来说,无疑构成了一种符号上的垄断,而现实利益,个人选择就变得不那么重要了。或者说,很多时候,在公共参与场域中,人们的思考活动仅限于论证该行为是否符合该场域的目标、家庭场域的责任、社区场域的身份、社会场域的道德,而很少去质疑该目标对于现实利益的合理性。

再次,有助于理解同一场域中人们的公共参与行为的差异性。布迪厄认为策略是实践意义上的产物,是对游戏的感觉,是对特别的、由历史性决定了的游戏的感觉。这就预先假定了一种有关创造性的永久的能力,它对于人们适应纷纭繁复、变化多端而又永不雷同的各种处境来说,是不可或缺的(布迪厄,1997:32)。在人们的公共参与行为中,公共参与场域可被视为不定项选择的空间,公共参与策略为公共参与场域中的社会成员标出了待选项目,但没有给定最终选项,个人可进行公共参与行为的多种搭配选择,不同的人会出现不同的结果:有人选择利益,有人选择身份,有人选择责任。在这些结果中,一方面可以体现出选择者的意志,即个体的创造性;另一方面可体现出选题的框架要求和限制。就是说,虽然人们的参与态度、愿望和行为的特征受制于特定的公共参与场域,但不是所有在一个同公共参与场域中生活的人都会采取同样的公共参与行为,即使是他们最终表现出同样的公共参与态度、愿望与行为,他们所依据的公共参与惯习也不见得会相同。因此,我们在研究公共参与行为选择的过程中,除了关注参与行为的物理空间的特质(家庭、社区、社会),而且还要特别注意对个人成长环境、生活史等的考察。

总而言之,在市民公共参与行为的研究过程中,场域和惯习概念的逻辑展开,不仅能够有效地规避以往研究中在个人与社会(文化)之间非此即彼的选择,而且也可以有效地将行动者和社会结构双向能动性集中起来,从而使研究结论更加深刻、更加贴近于现实。

同时,我们也应看到,用场域惯习理论研究公共参与,亦有其局限性。首先,布迪厄的理论有很强烈的包容性色彩,他采用超越社会科学中二元对立的方法,既避免了客观主义的弊端,又避免了主观主义的弊端;既避免了结构主义的框架(结果的空洞性、非历史性),又避免了存在主义的情绪化独断论色彩。布迪厄的理论基点是中庸的,具有很强的调和倾向。但实际上,在布迪厄看来,主观主义与客观主义的地位是不尽相同的。正如有些学者将他的理论概括为"结构产生惯习,惯习决定实践,实践再生产结构"(布迪厄、华康德,1998:180),客观主义始终是第一位的,而主观主义只能作为客观主义的一种补充,因此是第二位的。我们可以这么认为,布迪厄对主观主义与客观主义的超越是建立在对主观主义作出有限肯定的客观主义基础之上的。借用场域理论的分析框架,在某种程度上强化了文化的价值,忽视了行动本身,弱化了心理因素的影响。

其次,布迪厄认为社会空间中存在多种场域,场域的多样化是社会分化的结果,布迪厄将这种分化的过程视为场域的自主化过程。自主化实际上是指某个场域摆脱其他场域的限制和影响,在发展的过程中体现出自己固有的本质。布迪厄认为,在现代社会特别是发达国家,伴随着帕森斯说的那种社会分化过程,出现了大量的具有相对自主性的社会小世界,这些布迪厄称之为场域的社会小世界拥有自身的逻辑和规律,并且不可化约为其他领域的决定因素。这些场域有着明显的区隔性。但他建构的是一种共识性的社会图景,并进行一般性的结构分析,而没有把它放在某种具体的历史文化语境当中,因此有其局限性(布迪厄,1997:33 - 40)。一方面是因为场域理论是在西方生活世界分化相对完全的基础上建构的,如家庭和社会有严格的区分,人们在家庭场域和社会场域遵循不同的规范,但中国社会是一个分化不完全的社会,人们在家庭场域中的行为规则在社区场域、社会场域中仍然发生作用,不同场域的逻辑体系具有极强的关联性。正如研究结果所显示,人们在家庭公共参与场域参与程度高,在社区公共参与场域、在社会公共参与场域参与程度也高,即场域的自主化不完全,场域分化后总留有其他场域一些影响,家庭场域公共参与的逻辑亦可化约成为社区场域、社会场域的公共参与的决定性因素。另外,从纵向上说,一般的社会变迁理论强调社会整体的发展。布迪厄将场域的自主化作为社会现代化的一个重要标志,表现出了对分化中的各场域的独立地位和独立价值的关注,指出在社会发展变化中,各场域有它自己本身的目标或"追求",而不应单纯地为总体社会的目标服务。布迪厄过分注重场域的独立性,关注具体的人,通过人的身体视域和心灵的实践创造生活本身,实现了自身的文化资本的更迭和再生产,在一定程度上忽视社会转型和文化转型的宏观影响,影响研究结果的历史性推衍。

再次,在布迪厄看来,理性选择中所谓的"理性行动者",实际上也是来源于一种唯智倾向的决定论,持有这种倾向的学者大致又可以分为两个阵营:一派学者将"理性行动者"的选择看做是基于某种结构约束,而这些结构约束限定了可能行动的范围;而另一派学者则认为"理性行动者"的选择是基于某种普遍性的偏好。但无论在哪一种情况下,行动者除了遵从客观机会外总是别无自由可言。布迪厄指出,上述两种观点都忽视了在选择的背后存在着不可胜数的无穷细小且与决策问题无关的东西。布迪厄认为,理性选择模式的局限突出地体现在唯经济主义的理念中。在布迪厄看来,实践的原则应该在各种外在约束和各种性情倾向之间的关系中来寻找,即要到结构和关系的交织作用中来解决社会实践,用场域和惯习来理解社会实践。但单纯的惯习不能解释所有的公共参与行为,惯习影响下的行为是感性行为,而人们的行为既受惯习影响,也受理性影响。因此,布迪厄的场域理论在某种程度上忽视了人们的理性追求,对公共参与的解释有其片面性。

因此,笔者认为,在当前中国社会的背景下,深入分析社会文化、社会结构和制度怎样与社会行动者互动,即一个场域是怎样体现宏观结构制度因素与行动者相互作用的,布迪厄的场域理论是一个值得借鉴的经典的分析工具,但建立在西方背景下的场域理论用到中国的社会实践中,有其局限性。因此,在研究中本人尽量保持客观科学的立场、多元开放的态度,以求真正让西方社会学理论成为研究本土问题的有效工具。

在具体研究中,根据物理空间的维度,笔者将公共参与场域划分出家庭场域、社区场域、社会场域三大场域,从公共卫生、公共秩序、公共合作、公共讨论等四个方面,自觉性参与和干预性参与等两个层次,考察人们的公共参与状况。通过对人们在不同场域的参与状况及三大场域参与状况的对比分析,探寻影响不同场域参与的主导因素,探究影响人们的公共参与的深层因素。通过对问卷的统计分析,笔者发现,人们在家庭场域的公共参与呈现出较高的水平,且家庭场域的参与呈现出责任取向。社会场域的总体参与水平偏低,人们在社会场域的参与呈现出道德取向,是强调自律的、带有个人理性考量成分的特殊信任道德取向。家庭教育对社会公共道德产生较大影响。社区场域是家庭场域与社会场域之间的过渡场域,人们在社区场域的参与状况具有过渡性,社区场域的公共参与呈现出身份取向。

人们在三大场域的参与状况既有差异性,也有相关性。差异性表现在两个方面:一是参与水平不同,人们在公共场域的参与是以家庭场域为中心,半径越长,参与程度越低。二是参与取向有所差别,家庭场域是责任取向,社区场域是身份取向,社会场域是道德取向;参与取向变化的趋势,也呈现出责任逐渐减弱、自由度逐渐增强的趋势。相关性表现在三个方面:一是参与状况具有延伸性,即人们在家庭场域参与程度高,在社区场域、社会场域参与程度也高,这种趋势在每个参与项目中都表现出来;二是项目排序具有一致性,即人们在三大空间之间的参与在具体项目排序上呈现出高度的一致性,公共卫生参与最高,公共合作参与最低,参与均值的排序都是公共卫生、公共秩序、公共讨论、公共合作;三是参与归因具有趋同性,即在四个项目的公共参与中,人们对三大场域的归因是趋于一致的,即虽然不同的归因项目在每个场域均值有差别,但每个项目的高低排序在三大场域中是一致的,人们认为在家庭场域参与重要的项目,在社区场域和社会场域也同样重要。人们在三大场域参与的差异性是由责任资本导致的,家庭责任是家庭场域参与的重要资本,身份是社区场域参与的重要资本,道德是社会场域参与的重要资本。人们在三大场域参与的相关性主要是由责任惯习导致的,在公共卫生参与场域表现为领域意识,在公共秩序参与场域表现为和谐意识,在公共讨论参与场域表现为权威意识,在公共合作参与场域表现为利他意识。这些发现表明,作为中国传统文化基因的家文化,是影响公共参与场域的深层因素,它不仅影响着公共参与场域的结构,也影响着个体公共参与惯习。在现代家文化背景下构建公共参与场域,应从增加社区公民参与网络、提升社区参与功能、推进家文化转向、改善公共参与惯习等方面着手。

本研究的启示主要有三个方面:

第一,反思重塑家文化,弘扬其利于参与的积极因素。

家文化是影响公共参与的深层因素。诚然,家文化有其时代性,依赖于一定的历史条件,除去其含有的时代性因素,还包含着普遍意义的内容,在现代社会生活中仍然发挥着作用。例如人与人之间的互爱互助、重视家庭、诚实信用、正义勇敢和爱国等文化特质仍是现代人的生活信念。"今天的人们一直生活在过去的掌心之中……现在的人们生活在来自过去的事物之中。他们的所作所为、所思所想,除去其个体性差异之外,都是对他们出生前人们就一直在做、一直在想的事情的近似重复。"(E. 希尔斯,1991:45)作为中华文明的根基,家文化在现代社会仍有顽强的生命力,熏染塑造着每个人,甚至在人还没有自主选择能力之前,就已经被灌输了。家文化对于当代中国人来说,是拥有深厚民族根基和悠久历史的传统文化,经过历史的蔓延已积淀为一种根深蒂固的社会心理和风俗信念,在中国社会这个大场域中,是对人们的行为模式具有重大影响的惯习,是现代人无法摆脱的天然纽带,充当着历史和现实的桥梁。

因此,任何全盘继承和全面否定都是非理性化的行为,应对家文化全面反思和重塑。既要认识到家文化对公共参与不利的一面,也要看到家文化中至今仍有积极意义的精髓,以及家文化经过现代文明洗礼之后闪现的有利因素。反思重塑的过程,就是家文化现代化的过程,就是创造公民社会新文化根基的过程,就是有选择、有创造、有意识的文化发展过程。有选择,是指选择其有现代价值的精华部分继承下来,抛弃其不适应现代生活的糟粕。有创造,是指通过对家文化精华部分的重新阐释,赋予其新的内涵和形式,使其更适应现代生活。有意识,是指现代人作为文化创造和选择的主体,要有主体意识、自主意识、文化意识和反思意识等,积极能动地、独立自主地接受和吸收传统文化并使之为自己所有。这样,经过现代人继承的家文化就有了某种不同于从前的特点,具有了新的表现形式和规定性,成为以现代生活方式呈现着的文化传统,成为融入了现代生活并流传下去的传统文化。同时,现代人的生活绝不是简单复制已有的传统,相反,它是指向未来的一种创造。在现代生活中,根据变化了的情况,创造出我们传统中所没有的、崭新的东西,它们中具有遗传活性的就会流传下去成为新的传统,从而丰富了传统内容。反思重塑家文化,弘扬其利于公共参与的积极因素,可以更好地促进公共参与水平的提升。

第二,重视家庭教育的作用,推动家庭道德的社会化。

研究表明,人们在家庭场域的参与可以延伸到社区、社会,家庭公共参与惯习对人们的行为产生重大影响;参与的归因分析也显示,家庭教育在人们的公共参与中起着非常重要的作用。在现代社会中,可以通过重视家庭教育、推动家庭道德的社会化来推进公共参与水平的提升。

家庭教育是培养人们公共参与意识的摇篮,人们的公共意识、公共参与、公共道德首先是在家庭中习得的。J. Q. 威尔逊在谈及家庭教育的重要性时指出:"它构成永不关闭的教授道德的学校,我们在这所学校学习过,才会与世界上其他人打交道,因为我们在家里学会与自己的家人打交道。"(转引自琼·桑德斯,2000:200)《公民道德建设实施纲要》明确指出:"家庭是人们接受道德教育最早的地方。高尚品德必须从小开始培养,从娃娃抓起。要在孩子懂事的时候,深入浅出地进行道德启蒙教育;要在孩子成长的过程中,循循善诱,以事明理,引导其分清是非、辨别善恶。"

对于公共参与的教化,家庭教育有着无法比拟的优势:从教育的主体与客体来看,家庭中长辈对晚辈的教育,有血缘亲情性,易于感化和沟通;从教育的内容来看,在传授知识的同时,承担着教以为人之道、培养高尚的道德品质和健全的人格心理等任务,是一种完备的教育;从时间看,教育的黄金期(婴儿、幼年、童年、少年)大部分时间都在接受家庭教育,持续时间长;从教育方式上看,家庭教育是与家庭日常生活紧密联系的,易于理解、接受和操作。

第三,社区文化建设是推进公共参与的重要途径。

公共参与需要公共生活经验和公共参与精神,社区文化建设是推进公共参与的重要途径。西方社会通过社团这种中介组织培养人们的公共合作意识和公共参与精神。在中国社会的公共生活中,受家文化影响,人们习惯于根据情感的差序性与他人互动,因此无法在社会场域与陌生人完全工具性地交往,同时因为与陌生人之间缺乏地缘、业缘、血缘等联系感情纽带的关系,也无法用纯粹情感性的方式交往,因此缺乏公共生活的经验及培养公共精神的土壤。本研究表明,社区是家庭场域与社会场域的一个过渡性场域,人们在家庭场域的公共精神在此场域具有较好的延伸性,社区文化建设是培养人们的公共合作及公共参与精神的一个重要途径。

托克维尔指出:"在民主国家里,全体公民都是独立的,但又是软弱无力的。他们几乎不能单凭自己的力量去做一番事业,其中的任何人都不能强迫他人来帮助自己。因此,他们如不学会自动地互助,就将全都陷入无能为力的状态。""人只有在相互作用之下,才能使自己的情感和思想焕然一新,才能开阔自己的胸怀,才能发挥自己的才智。"(托克维尔,2003:637)因此,西方社会存在大量的社团组织,人们通过加入这种社团组织(也称公民组织),找到家庭以外的心理支撑,并培养了合作的能力。正如帕特南所指出的:"参与公民组织培养了参与人合作的技巧和在集体劳作中共同分担责任的意识","培养了公共精神"(罗伯特·帕特南,2001:102)。因为民众通过社团组织管理社会事务时,是通过自律、志愿服务等机制实现的,这本身就体现了一种社会自治机制。他们在履行这些功能时,具有较强的社会参与性,扎根于基层社区,进行广泛社会动员,自主行动,自我管理,自我约束,完成自己的事情,从而把个体从缺乏社会良心和社会责任感的、自利的和自我中心主义的算计者,转变成为具有共同利益的、对社会关系有共同假设和共同利益感的共同体的一员。

在没有广泛出现现代社团这样的中介组织培育人们的公共参与及合作精神的情况下,要有效利用社区这样一个过渡性场域。因为社区作为家庭场域与社会场域的一个过渡性场域,其所具有的半情感性、半工具性的特质,为培养人们的合作精神、团结精神、民主精神等公民精神提供了重要的平台,其情感性易于被家文化影响下的人们对参与主体的接受,其工具性易于使人们从家文化影响下的差序信任向契约信任过渡。因此,应重视利用社区场域培养人们的公共合作及公共精神。要通过增加社区公民网络组织,建立起各种各样的公民参与网络组织,以增加人们互动及合作的机会,丰富社区文化,提高人们的参与热情及能力。现代社会,生活节奏日益加快,人们的工作紧张程度和精神压力随之增大,需要精神上给予调剂,这种调剂不能完全依赖于家庭,需要与不同的人交往,并且参与到丰富多彩的生活内容中去,而社区文化恰恰能够满足人们的这种精神和情感需要。社区文化以最活跃、最生动、最具吸引力、最易于为人们接受的活动方式,使社区成员在这个"熟人社会"里,自然地排除陌生感,与家人以外的群体交往,并在长期的交往中逐步形成共同的理想目标、价值观念、风俗习惯、信仰和归属感,形成某一种共同的"社区精神"。培育良好的社区文化不仅推动社区居民通过不同的活动形式,多方位地与本社区的不同成员交往,同时还能通过社区对外活动的形式,与社区之外的"陌生人"沟通,产生情感共鸣。这种对内、对外的心理交往氛围的营造,扩展了人们在社区的心理空间,不管是社区"熟人"还是社会公共空间的"陌生人",在共同的活动和共同理解的心理空间内,人与人之间情感交融、心灵沟通,个体化的人格融入社区、社会整体中。这种个体与群体的统一,不仅极大地丰富了个体成员的精神和情感体验,增强了社区成员的认同感和归属感,同时,也提高了人们的公共交往品质。

附录1 公共参与问卷调查

您好:

本问卷由中国人民大学社会心理学研究所设计。本次问卷旨在了解市民在家庭、社区及公共场所的公共事务参与状况及其影响因素。问卷不计名,共分为三部分,请您如实填答,所得资料仅用于学术研究,对于您提供的任何资料,我们都将遵照统计法,严格保密。谢谢您的合作。

中国人民大学社会心理学研究所

2007年8月

问卷一 参与行为

下列问题,在符合的选项数字处打"○"。

	1 绝对不会	2 可能不会	3 不确定	4 可能会	5 一定会
1.家里的卫生,我经常进行打扫	1	2	3	4	5
2.对破坏家里卫生的行为,我会制止	1	2	3	4	5
3.我和家人发生争执,我会尽量忍让	1	2	3	4	5
4.其他家庭成员发生争执,我会调解	1	2	3	4	5

5. 家人向我求助时,我会无条件帮助他	1	2	3	4	5
6. 我会动员其他家庭成员帮助陷入困境的家人	1	2	3	4	5
7. 当个人利益和家庭利益发生冲突时,我会牺牲个人利益	1	2	3	4	5
8. 我会主动参加家庭公共事务(如购房、买车、旅游)等的讨论	1	2	3	4	5
9. 我会动员其他家庭成员参加家庭公共事务讨论	1	2	3	4	5
10. 我家门前楼道的卫生,我会经常打扫	1	2	3	4	5
11. 其他人破坏我家门前楼道的卫生,我会制止	1	2	3	4	5
12. 和邻居争执的时候,我会尽量忍让	1	2	3	4	5
13. 邻居之间吵架,我会调解	1	2	3	4	5
14. 邻居向我求助时,我会毫不犹豫帮助他	1	2	3	4	5
15. 我会动员别人帮助陷入困境的邻居	1	2	3	4	5
16. 当个人利益和所住的社区利益发生冲突时,我会牺牲小区利益	1	2	3	4	5
17. 我会主动参加社区公共事务的讨论	1	2	3	4	5
18. 我会动员他人参加社区公共事务讨论	1	2	3	4	5
19. 在广场、公园、街道等处,我会主动带走自己造成的垃圾	1	2	3	4	5
20. 在广场、公园、街道等处,我会主动捡走别人留下的垃圾	1	2	3	4	5
21. 有人在广场、公园、街道等处扔垃圾,我会制止	1	2	3	4	5
22. 和陌生人争吵,我会尽量忍让	1	2	3	4	5
23. 陌生人之间发生吵架行为,我会劝解	1	2	3	4	5
24. 陌生人陷入困境向我求助,我会毫不犹豫帮助他	1	2	3	4	5

25. 我会动员他人帮助陷入困境的陌生人	1	2	3	4	5
26. 当个人利益和社会公共利益发生冲突时,我会牺牲个人利益	1	2	3	4	5
27. 我会主动参加广场维修、改造等公共事务的讨论	1	2	3	4	5
28. 我会动员他人参加广场维修、改造等公共事务的讨论	1	2	3	4	5

问卷二 影响公共参与的因素

一、下列问题,在符合的选项数字处打"○"。

1. 家里的公共空间是指所有成员共享、可以随意出入的空间。私人空间是指仅仅自己享有、其他人未经允许不得随意出入的空间。你认为家庭中应该有私人空间吗?

    1. 应该有　　2. 不应该有　　3. 说不清

2. 在现实生活中,你在家中拥有自己的私人空间吗?

    1. 有　　2. 没有　　3. 说不清

3. 你认为家门前楼道是否属于社区空间?

    1. 是　　2. 否　　3. 说不清

4. 关于你家门前楼道,你的看法是:

    1. 我可以随意堆放东西,别人不可以

    2. 我和邻居都可以随意放东西

    3. 我和别人都不可以随意堆放东西

    4. 我和邻居都可以适当地堆放东西

5. 社区空间是指你所住的住宅小区的空间,如家属院等,社会空间是指所有人都可以自由出入的公共空间。你认为社区门口的停车场是否属于社区空间?

    1. 是　　2. 否　　3. 说不清

6. 关于我们社区门前紧邻社区的空地,你的看法是

    1. 我们社区的人可以停车及做其他用途,别人不可以

2. 我们社区的人和其他社区的人都可以随意停车或做其他用途

3. 我们社区的人和其他社区的人都不可以停车或做其他用途

7. 公共空间是与他人共有的空间。在你的概念中,公共空间是

1. 家庭中私人空间之外的空间

2. 家庭之外的空间

3. 社区之外的空间

4. 家庭、社区和工作单位之外的空间

二、以下题目,请在符合的选项中打"○",请务必在每一行都选择一个。

8. 我保持家里的洁净,如下因素的重要程度是:

	根本不重要	不重要	一般	重要	特别重要
我的性格					
父母的教育					
家里人人都这样做					
如果我不这样做,会被家人责罚					
如果我不这样做,我心里不安					
我想给家人留下好印象					

9. 我对破坏家里卫生的行为进行制止,如下因素的重要程度是:

	根本不重要	不重要	一般	重要	特别重要
我的性格					
父母的教育					
家里人人都这样做					
如果我不这样做,会被家人责罚					
如果我不这样做,我心里不安					
我想给家人留下好印象					

10. 我打扫楼道的卫生，如下因素的重要程度是：

	根本不重要	不重要	一般	重要	特别重要
我的性格					
父母的教育					
社区大多数人都这样做					
如果我不这样做，会被社区责罚					
如果我不这样做，我心里不安					
社区的人都认识我					

11. 我制止破坏楼道卫生的行为，如下因素的重要程度是：

	根本不重要	不重要	一般	重要	特别重要
我的性格					
父母经常教育我这样做					
社区大多数人都这样做					
如果我不这样做，会被社区责罚					
如果我不这样做，我心里不安					
社区的人都认识我					

12. 在广场、公园等处，我带走自己的垃圾，如下因素的重要程度是：

	根本不重要	不重要	一般	重要	特别重要
我的性格					
父母、学校经常教育我这样做					
社会上大多数人都这样做					
如果我不这样做，会受责罚					
如果我不这样做，我心里不安					
有我认识的人在场					

13. 我制止在广场、公园等处扔垃圾的行为,是由如下因素决定的:

	根本不重要	不重要	一般	重要	特别重要
我的性格					
父母、学校经常教育我这样做					
社会上大多数人都这样做					
如果我不这样做,会受责罚					
如果我不这样做,我心里不安					
有我认识的人在场					

14. 当我和家人发生争执时,我会克制,我看重如下因素:

	根本不看重	不看重	一般	看重	特别看重
他和我的感情好不好					
他对我是否有帮助					
他是否有理					
是否有他人在场					
他是否是长辈					
他是否具有较高的社会地位					

15. 当我和邻居争吵时,我会克制,我看重如下因素:

	根本不看重	不看重	一般	看重	特别看重
他和我的感情好不好					
他对我是否有帮助					
他是否有理					
是否有他人在场					
他是否是长辈					
他是否有较高的社会地位					

16. 当我和陌生人争吵时,我会克制,我看重如下因素:

	根本不看重	不看重	一般	看重	特别看重
他和我是否有共同之处					
他对我是否有帮助					
他是否有理					
是否有他人在场					
他是否是长辈					
他是否看起来有较高的社会地位					

17. 当家人向我求助,我会帮助他,我看重如下因素:

	根本不看重	不看重	一般	看重	特别看重
他和我的感情状况					
他对我是否有帮助					
他是否诚信					
是否有地位					
不借是否受良心谴责					
不借面子上说不过去					

18. 当邻居向我求助,我会帮助他,我看重如下因素:

	根本不看重	不看重	一般	看重	特别看重
他和我的感情状况					
他将来是否有可能帮我					
他是否诚信					
他是否有地位					
不借是否受良心谴责					
不借面子上过不去					

19. 当陌生人向我求助,我会帮助他,我看重如下因素:

	根本不看重	不看重	一般	看重	特别看重
他是否有合适的理由					
我期待将来获取类似的帮助					
他看起来诚信					
他看起来有地位					
不借受良心谴责					
不借面子上过不去					

20. 我参加家庭活动,是由如下因素决定的:

	非常重要	比较重要	一般	不太重要	不重要
我的性格因素					
我的家庭教育					
宣传动员的力度					
大多数人是否参加					
是否与我自身利益相关					
组织者与我个人的情感					
我和其他成员在此活动中是否平等					

21. 我参加社区活动,是由如下因素决定的:

	非常重要	比较重要	一般	不太重要	不重要
我的性格因素					
我的家庭教育					
宣传动员的力度					
大多数人是否参加					
是否与我自身利益相关					
组织者与我个人的情感					
我和其他成员在此活动中是否平等					

22. 我参加社会公益活动,是由如下因素决定的:

	非常重要	比较重要	一般	不太重要	不重要
我的性格因素					
我的家庭教育					
宣传动员的力度					
大多数人是否参加					
是否与我自身利益相关					
组织者与我个人的情感					
我和其他成员在此活动中是否平等					

个人基本信息

(在符合的选项处打"〇"),年龄请填写数字

A1. 性别： 1. 男　　　2. 女

A2. 年龄：_____

A3. 您的学历(以最后学历为准)：

1. 初中及以下　　　2. 高中/中专

3. 大学专科及本科　　4. 硕士　　　5. 博士

A4. 婚姻状况：

1. 未婚　2. 初婚有配偶　3. 再婚有配偶　4. 离婚　5. 丧偶

A5. 当前居住的家庭人口数共_____人

A6. 当前同居人口的结构是

1. 一个人居住　　　　2. 小家庭独立居住

3. 与父母三代同住　　4. 其他

A7. 政治面貌：

1. 中共党员　2. 民主党派　　3. 群众

A8. 您工作所在地：

1. 城市　　2. 县城　　3. 乡村

A9. 您工作的学校：

1. 小学　　2. 中学　　3. 大学　　4. 职业学校

A10. 您每月的固定收入是多少元?

1. 500 以下　　　　5. 3001—4000
2. 501—1000　　　6. 4001—5000
3. 1001—2000　　 7. 5001—6000
4. 2001—3000　　 8. 6001 以上

A11. 邻里之间的状况：

1. 邻居多数是同事　　2. 邻居多数是熟人

3. 邻居多数是陌生人

A12. 你所居住的小区属于：

1. 高档小区　　2. 中档小区　　3. 低档小区　　4. 自然村

A13. 选择该小区居住最看重的因素（只能选一个）：

1. 社区环境好（设施齐全、绿化较好）

2. 交通便利

3. 治安状况

4. 邻里的职业及素质

5. 经济实惠

6. 单位住房

7. 其他（请注明）_____

谢谢合作！

附录2 访谈提纲

家庭部分

1. 你对家庭如何界定？你的父母及岳父岳母所在家庭与你的小家庭有分别吗？
2. 在家里，什么地方是你的私人地盘？你是否介意父母闯入你的卧室？
3. 家中的行为规范（礼仪、与家人相处等）谁对你影响最大？你是否认同这些规范？为什么？你对现在家中建立的规范是否满意？你希望与你的子女建立什么样的交往规范？
4. 父母亲是否参与你的人生、事业等问题的重大决定？他们对你的一些有关就业、婚姻、择业等重大事情的指导是命令性的还是建议性的？
5. 如果家人向你借钱，你一般会借吗？
6. 当你和家人产生冲突时，你一般会怎么做？

社区部分

1. 你现在居住的社区状况如何？
2. 现在社区的规范如何？（是否和邻居打招呼？谈话、争吵、装修是否考虑邻居感受？社区活动是否参加？有没有找过邻居帮忙？是否帮过邻居的忙？是否和邻居发生过冲突？邻居吵架，你是否会去调解？是否喂养过流浪猫、狗等？）
3. 你以前居住的小区是什么样的？小区规范有何差别？你更喜欢以前的还是现在的？为什么？
4. 你心目中希望的小区的理想状态是什么样？（环境卫生、礼仪规则、人际交往状态。）

社会部分

1. 你的家庭是否教给你公共领域的规范?
2. 你在社区公共空间和社会公共空间的行为是否一致?(卫生行为、帮助关心他人行为。)
3. 你如何看待给陌生人提供帮助?
4. 当有人破坏公共空间的和谐(大声喧哗、破坏公共秩序、损害公共财物),你怎么做?
5. 你如何评价市民在公共空间的参与状况?你有什么建议?
6. 你会参加志愿者活动吗?你是基于什么样的考虑?
7. 你怎样看待他人参与志愿者活动?你觉得他们的动机是否高尚?

在访谈中,采用在三个不同的空间维度,结合观察法进行研究。

参 考 文 献

艾尔·巴比著、邱泽奇译(2002):《社会研究方法基础》,华夏出版社。
爱伦·布鲁姆著、战旭英译、冯克利校(1994):《走向封闭的美国精神》,中国社会科学出版社。
阿列克斯著、顾昕译(1992):《英克尔斯从传统人到现代人——六个发展中国家中的个人变化》,中国人民大学出版社。
阿瑟·亨德森·史密斯著、姚锦镕译(2006):《中国人的人性》,中国和平出版社。
艾四林(1994):《哈贝马斯论后形而上学》,《国外社会科学》第1期。
爱德华·希尔斯(2005):《市民社会的美德》,载邓正来、亚历山大主编:《国家与市民社会》,中央编译局出版社。
白柯(2005):《成都市居民社区参与行为》,西南交通大学硕士学位论文。
白利刚(1997):《亲社会行为研究中的几个问题》,《心理学动态》第1期。
白祖诗(2002):《中国文明透析》,云南大学出版社。
保罗·贝尔著、朱建军等译(2009):《环境心理学》,中国人民大学出版社。
保罗·贝尔著,高铦、王宏周、魏章玲译(1984):《后工业社会的来临》,商务印书馆。
毕天云(2004):《社会福利场域中的惯习》,中国社会出版社。
边燕杰等(2002):《市场转型与社会分层——美国社会学者分析中国》,生活·读书·新知三联书店。
波普诺著、李强等译(1999):《社会学》,中国人民大学出版社。
卜长莉(2005):《社会资本与社会和谐》,社会科学文献出版社。
布迪厄、华康德著,李猛、李康译(1998):《实践与反思》,中央编译局出版社。
布迪厄著、包亚明译(1997):《文化资本与社会炼金术》,上海人民出版社。
曹德本(1998):《中国传统文化与中国现代化》,辽宁大学出版社。

曹荣湘(2003):《走出囚徒困境——社会资本与制度分析》,上海三联书店。
岑颖、凌文铨、方俐洛(2003):《城市居民社区意识调查》,《改革与战略》第8期。
车尔尼雪夫斯基著、周新译(1998):《哲学中的人本主义原理》,生活·读书·新知三联书店。
沈石、米有录(1989):《中国农村家庭的变迁》,农村读物出版社。
陈独秀(1984):《陈独秀文献选编》,生活·读书·新知三联书店。
陈光磊(2005):《中国人心理问题的封闭性及其超越》,《广西社会科学》第7期。
陈其南(1990):《家族与社会》,联经出版公司。
——(1987):《文化的轨迹》,春风文艺出版社。
陈庆云(2002):《强化公共管理理念 推进公共管理社会化》,《中国行政管理》第2期。
陈少君(2007):《公众参与社区志愿服务的影响因素与对策——以湖北省H市的15个社区为例》,《社会工作》第6期。
陈潭(2004):《集体行动的困境:理论阐释与实证分析——非合作博弈下的公共管理危机及其克服》,《管理科学》第2期。
陈晏清(1998):《当代中国社会转型论》,山西教育出版社。
陈用森(2004):《告别臣民的尝试——清末民初的公民意识与公民行为》,中国人民出版社。
陈振华(2004):《利益、认同与制度供给:居民社区参与的影响因素研究》,清华大学硕士学位论文。
程东峰(1994):《责任论》,中国林业出版社。
程燕(2006):《城郊结合部居民社区归属感和社区参与研究》,四川大学硕士学位论文。
储小平(2000):《家族企业研究:一个具有现代意义的话题》,《中国社会科学》第5期。
褚松燕(2005):《公民资格的发展对治理的影响》,《中共南京市委党校·南京市行政学院报》第6期。
崔红、王登峰(2002):《中国人的事物指向、他人指向和自我指向特点》,《北京大学学报(哲社版)》第4期。
邓燕(1997):《从国内外的理论研究看亲社会行为的归因》,《四川心理科学》第

1期。

丁煌(2005):《当代西方公共行政理论的新发展——从新公共管理到新公共服务》,《广东行政学院学报》第6期。

费尔巴哈著,荣震华、李金山等译(1984):《费尔巴哈哲学著作选集(下卷)》,商务印书馆。

费孝通(1997):《乡村农民生活及其变迁》,敦煌文艺出版社。

费孝通(1998):《乡土中国 生育制度》,北京大学出版社。

冯尔康(2005):《18世纪以来中国家族的现代转向》,上海人民出版社。

冯梅(2006):《农村妇女参政社会资本的结构性缺失——农村妇女个案研究》,中国人民大学硕士学位论文。

冯仕政、李建华(2003):《宗教伦理与日常生活——马克斯·韦伯宗教伦理思想引论》,《伦理学研究》第1期。

冯婷(2007):《公私分殊与中国人的政治参与》,《中共浙江省委党校学报》第1期。

冯友兰(1995):《中国哲学简史》,北京大学出版社。

弗朗西斯·福山著,曹义炟译(2001):《社会资本、公民社会与发展》,《马克思主义与现实》第5期。

弗朗西斯·福山著、俞弘强译(2002):《大分裂——人类本性与社会秩序的重建》,中国社会科学出版社。

弗朗西斯·福山著、彭志华译(2001):《信任——社会美德与创造经济繁荣》,海南出版社。

弗里德曼著、高鸿钧等译(2005):《选择的共和国——法律、权威与文化》,清华大学出版社。

弗里曼·毕克伟·赛尔登著(2002):《中国乡村社会主义国家》,社会科学文献出版社。

辅仁大学(1978):《现代化与台湾家庭结构变迁之关系》社会研究中心研究报告之五,辅仁大学社会学系编印。

谷宁宁(2006):《浅析家文化对家族企业的影响》,《甘肃农业》第4期。

谷雪(2002):《迭演博弈、集体行动与公共组织的构建》,《中国人民大学学报》第3期。

顾建光(1998):《文化与行为》,四川人民出版社。

顾丽梅(2006):《解读西方的公民参与理论——兼论我国城市政府治理中公民

参与新范式的建构》,《南京社会科学》第3期。

郭为桂(2005):《公共空间与公民参与:大众民主的困境及其出路》,《重庆社会科学》第9期。

国风(2006):《精神的家园——中国人的思想世界》,东方出版社。

哈贝马斯著,曹卫东、王晓珏、刘北城、宋伟杰译(1999):《公共领域的结构转型》,学林出版社。

韩向前(1996):《社会现代化进程中中国人心理演变的趋势》,《南京政治学院学报》第6期。

韩志明(2006):《公共治理行动体系的责任结构分析》,《重庆社会科学》第2期。

何传启(2001):《公民意识现代化》,中国经济出版社。

何建华(2000):《道德选择论》,浙江人民出版社。

贺龙栋(2006):《社会资本与转型期中国公共伦理建设》,《唯实行政发展》第11期。

贺佩蓉(2005):《中国传统家文化对古代家庭教育的影响》,《延安大学学报(社会科学版)》第5期。

奂平清(2002):《哈贝马斯交往行动理论及其在我国的现实意义》,《甘肃社会科学》第3期。

黄光国(2004):《华人社会中的脸面与沟通行动》,载黄光国、胡先缙等:《面子——中国人的权利游戏》,中国人民大学出版社。

黄海艳、施国庆、孙金华(2006):《发展项目的公众参与研究》,长江出版社。

姜磊(2005):《北京市民人文行动问卷调查分报告——进京建设者篇》,北京市民公共行动问卷调查报告。

金太军、林莉(2006):《城市公共管理弱势群体参与冷漠的原因及对策分析》,《上海城市管理职业技术学院学报》第3期。

金耀基(1999):《从传统到现代》,中国人民大学出版社。

——(1996):《中国人的"公"、"私"观念》,载于杨国枢主编:《中国人的观念和行为》,天津人民出版社。

J. M. 索里、C. W. 特尔福德著,高觉敷译(1982):《教育心理学》,人民教育出版社。

康德著、曹力川译(1998):《道德形而上学原理》,上海人民出版社。

朗友兴(2005):《社会资本与社区和谐——一种新的社区建设运动》,《法治论丛》第 5 期。

乐国安(2002)：《当前中国人际关系研究》，南开大学出版社。

李春成(2001)：《公共道德与私人道德》，《浙江社会科学》第 5 期。

李国鼎(1993)：《建立富而尚义的社会》，《中时晚报》11 月 12 日。

李萍(2004)：《论公共参与的动员与公共行政伦理》，《唐都学刊》第 5 期。

李世众(2003)：《"公"与"私"的悖论——中国人"自私"行为的历史溯源》，《学海》第 3 期。

李伟民(1998)：《论中国人社会行为的关系取向》，《社会科学战线》第 2 期。

李霞(2007)：《中国社区参与模式研究》，华中师范大学。

李学农(1996)：《文化、人格、价值观的方法论与集体主义价值观——兼论中国人的集体主义倾向》，《江海学刊》第 6 期。

李亦园(1988)：《中国人的家庭与家的文化》，载文崇一、萧新煌：《中国人：观念与行为》，台湾巨流图书公司。

梁捍东、周慧敏(2005)：《在传统社会中探寻公共伦理缺失的深层根源》，《河北省社会主义学院学报》第 4 期。

梁启超(1977)：《中国人之缺点》，载于《辛亥革命前十年间时论文集》第 1 卷下册，生活·读书·新知三联书店。

梁漱溟(1987)：《中国文化要义》，学林出版社。

梁莹(2005)：《我国民间组织的兴起和成长中的善治》，《广西社会科学》第 4 期。

廖申白、孙春晨(2006)：《伦理新视点——转型时期的社会伦理与道德》，中国社会科学出版社。

林南(2003)：《资本理论的社会学转向》，《社会》第 7 期。

林语堂(2000)：《中国人》，又名《吾国吾民》，学林出版社。

林志斌(1998)：《关于"参与式"农村社区发展问题的讨论》，《科技导报》第 6 期。

刘诚(2005)：《现代社会中的国家与公民》，武汉大学博士学位论文。

刘达临(1998)：《中国婚姻家庭变迁》，中国社会出版社。

刘晶岚：《中国农村妇女在社区林业管理中的参与研究》，北京林业大学博士学位论文。

刘林平(2002)：《关系、社会资本与社会转型——深圳"平江村研究"》，中国社会科学出版社。

刘少杰(2006):《国外社会学理论》,高等教育出版社。
刘再复、林岗(1988):《传统与中国》,生活·读书·新知三联书店。
刘再复等(1999):《传统与中国人》,安徽文艺出版社。
刘正才(2002):《中国家文化与华人企业治理模式》,华东师范大学博士学位论文。
刘祖云(2000):《从传统到现代——当代中国社会转型研究》,湖北人民出版社。
鲁迅(1973):《鲁迅全集》卷一,人民文学出版社。
路炳辉(2005):《传统孝文化及其现代转型》,安徽师范大学硕士学位论文。
吕耀怀、杨璐(2007):《从单位管理、街居管理到社区管理的历史性转变》,《湖湘论坛》第2期。
罗伯特·帕特南著,王列、赖海榕译(2001):《使民主运转起来》,江西人民出版社。
罗能生(2000):《经济伦理:现代经济之魂》,《道德与文明》第2期。
M. E. 斯皮罗著、徐俊等译(1999):《文化与人性》,社会科学文献出版社。
马克斯·韦伯著、林荣远译(1998):《经济与社会》,商务印书馆。
马克斯·韦伯著、胡景北译(2000):《社会学的基本概念》,上海人民出版社。
马克斯·韦伯著、王蓉芬译(1995):《儒教与道教》,商务印书馆。
马克斯·韦伯著,于晓、陈维纲译(1987):《新教伦理与资本主义精神》,生活·读书·新知三联书店。
马西恒(2004):《社区治理框架中的居民参与问题:一项反思性的考察》,《上海行政学院学报》第2期。
马漪(2003):《居民社区参与对我国社区可持续发展的影响及对策研究》,西南交通大学硕士学位论文。
马振清(2001):《中国公民政治社会化问题研究》,黑龙江人民出版社。
曼瑟尔·奥尔森著、陈郁等译(1995):《集体行动的逻辑》,上海三联书店、上海人民出版社。
闵学勤(2004):《城市人的理性化与现代化——一项关于城市人行为与观念变迁的实证比较研究》,南京大学出版社。
那金华(1999):《中国妇女参与公共行政的制约因素及改变其弱势发展的对策》,《云南师范大学学报》第3期。
欧文·戈夫曼(2008):《日常生活自我呈现》,北京大学出版社。

潘敏(2007):《信任问题——以社会资本理论为视角的探讨》,《浙江社会科学》第 3 期。

钱穆(1973):《中国文化史导论》,正中书局。

琼·桑德斯(2000):《在家庭中学习四大爱》,载于《家庭伦理与人格教育》,中国社会科学出版社。

秦梦(2006):《论公共行政中的公民参与》,南京理工大学硕士学位论文。

阮静(2005):《中西方人社会性比较研究》,中央民族大学博士学位论文。

沙莲香(2004):《北京人文环境与城市文化氛围》,《北京社会科学》第 3 期。

——(2007):《北京市民公共行为文明指数研究的主导观念——兼说民族性建设》,《中国农业大学学报》第 1 期。

——(1989):《中国民族性(一)》,中国人民大学出版社。

——(2000):《己的结构位置——对"己"的一种释义》,《社会学研究》第 3 期。

——(1987):《文化积淀与民族性格改造》,载于《传统文化与现代化》,中国人民大学出版社。

——(1995):《中国传统社会结构与中国人人格》,《炎黄文化研究》增刊第二期。

——(1990):《中国民族性(二)》,中国人民大学出版社。

——(2001):《中国人 100 年》,山西教育出版社。

邵龙宝、李晓菲(2005):《儒家伦理对当下中国人的影响》,《文史哲》第 6 期。

史密斯著、秦悦译(1996):《中国人的素质》,学林出版社。

隋广军、盖翊中(2002):《城市社区社会资本及其测量》,《学术研究》第 7 期。

孙立平(1994):《改革前后中国大陆国家、民间统治精英及民众间互动关系的演变》,《中国社会科学季刊》春季号。

——(2001):《社区、社会资本与社会发育》,《学海》第 4 期。

孙立平等(1994):《改革以来中国社会结构的变迁》,《中国社会科学》第 2 期。

孙云竹(2006):《从公民文化到社会资本——文化分析的概念演变》,中国人民大学硕士学位论文。

孙中山(1986):《孙中山文集》第 9 卷,中华书局。

唐帼丽(2003):《传统中国的文化精神》,中国社会科学出版社。

唐凯麟、龙兴海(1995):《当前中国人的道德心态》,《湖南师范大学社会科学学报》第 4 期。

唐力行(1999):《家庭 社区 大众心态变迁——国际学术研讨会论文集》,黄山书社。

田海平(1999):《日常生活转型与公共伦理意识》,《求是学刊》第4期。

田凯(2003):《机会与约束:国家福利制度转型中非营利部门发展的条件分析》,《社会学研究》第2期。

佟敏(2005):《基于社区参与的我国生态旅游研究》,东北林业大学博士学位论文。

托夫勒著、黄明坚译(1983):《第三次浪潮》,生活·读书·新知三联书店。

托克维尔著、董果良译(1991):《论美国的民主》,商务印书馆。

万俊毅、欧晓明(2005):《基于家文化视角的中日家族企业比较》,《学术研究》第6期。

王国红(2006):《公共决策:公众参与的困境及创新》,《广西警官高等专科学校学报》第3期。

王沪宁(1991):《当代中国村落家族文化》,上海人民出版社。

王丽婷(2006):《公共参与中的成本收益分析》,《乐山师范学院学报》第8期。

王润平(2005):《当代中国家庭变迁中的文化传承问题》,吉林大学博士学位论文。

王维国(2004):《公共性理念的现代转型及其困境》,中国人民大学博士后出站报告。

王晓霞(2000):《当代中国人际关系的文化传承》,《南开学报》第3期。

汪澍白(1989):《文化冲突中的抉择——中国近代人物的中西文化观》,湖南人民出版社。

威廉·丁·古德著、魏章玲译(1986):《家庭》,社会科学文献出版社。

威尔逊著,林和生、谢显宁、王作虹译(1987):《论人的天性》,贵州人民出版社。

魏娜(2005):《人文奥运与和谐社区建设》,载《中国人文社会科学论坛暨北京奥运国际论坛论文集》,中国人民大学人文奥运中心。

文崇一、萧新煌(2006):《中国人:观念和行为》,江苏教育出版社。

吴昕春(2002):《公共选择与公民参与集体行动的动力》,《安徽大学学报(哲社版)》第5期。

伍俊斌(2007):《公民社会建构的基础理论研究》,中共中央党校。

希尔斯著,傅铿、吕乐译(1991):《论传统》,上海人民出版社。

谢立中(1998):《西方社会名著提要》,江西人民出版社。

徐永祥(2000):《社区发展论》,华东理工大学出版社。

徐勇(2002):《"绿色崛起"与"都市突破"——中国城市社区自治与农村村民自治比较》,《学习与探索》第 4 期。

——(2001):《论城市社区建设中的社区居民自治》,《华中师范大学学报》第 5 期。

许烺光(1989):《美国人与中国人:两种生活方式比较》,华夏出版社。

——(1990):《宗族·种姓·俱乐部》,华夏出版社。

轩颖(2003):《公民意识培养问题研究》,东北师范大学硕士学位论文。

亚历山大·J.菲尔德著,赵培、杨思磊等译(2005):《利他主义倾向——行为科学、进化理论与互惠的起源》,长春出版社。

亚瑟·史密斯著、梁顺根译(2007):《中国人的素质》,太白文艺出版社。

扬·盖尔著、何人可译(2002):《交往与空间》,中国建筑工业出版社。

杨春学(2001):《利他主义经济学的追求》,《经济学研究》第 4 期。

杨光斌(2006):《奥尔森集体行动理论的贡献与误区——一种新制度主义的解读》,《教学与研究》第 1 期。

杨国枢(1990):《家族化历程、泛家族主义及组织管理》,载郑伯壎、黄国隆、郭建志:《海峡两岸之组织与管理》,远流出版公司。

杨国枢(2004):《中国人的心理与行为》,中国人民大学出版社。

杨丽云(2003):《人类学互惠理论谱系研究》,《广西民族研究》第 4 期。

杨善华、柳莉(2005):《日常生活的政治化与农村妇女的公共参与》,《中国社会科学》第 3 期。

杨知勇(2000):《家族主义与中国文化》,云南大学出版社。

杨中芳(1994):《中国人真是"集体主义"吗?》,载杨国枢:《中国人的价值观——社会科学观点》,桂冠图书股份有限公司。

姚华平(2007):《社会排斥视角下的农民工社区参与问题研究——以 W 市为分析个案》,华中师范大学硕士学位论文。

叶南客(1998):《现代中国人的心理取向实证分析》,《社会科学研究》第 4 期。

——(2001):《中国城市居民社区参与的历程与体制创新》,《江海学刊》第 5 期。

依田熹家(1991):《日中两国近代化比较研究》,北京大学出版社。

于建嵘(2006):《集体行动的原动力机制研究——基于 H 县农民维权抗争的考察》,《学海》第 2 期。

余坤明、李丽丹(2006):《谁在参与社区事务》,《社区》第 7 期。

俞可平(2000):《治理与善治》,社会科学文献出版社。
岳庆平(1990):《中国的家与国》,吉林文史出版社。
翟波(2006):《转型时期弱势群体的政治参与问题研究》,吉林大学博士学位论文。
翟学伟(1999):《中国人的价值取向:类型、转型及其问题》,《南京大学学报(哲学人文社科版)》第4期。
——(2001):《中国人行动的逻辑》,社会科学文献出版社。
张宝锋(2006):《"单位型社区"居民政治参与的微观机制——对Z社区的个案研究》,《晋阳学刊》第11期。
张海洋(2006):《中国多元文化与中国人的认同》,民族出版社。
张恒(2005):《城市社区建设与发展中的社区参与研究》,苏州大学硕士学位论文。
张静(2001):《成长中的公共空间之社会基础——一个上海社区纠纷案例的分析》,载《社会转型与社区发展》,上海人民出版社。
——(2006):《身份认同研究》,上海人民出版社。
张书琛(2004):《社区自治的组织架构及其启动运转》,《内蒙古社会科学》第6期。
张维平(2007):《突发公共事件社会力量的动员与参与机制的社会学分析》,《新疆社会科学》第2期。
章国锋(2000):《哈贝马斯访谈录》,《外国文学评论》第1期。
赵鼎新(2006):《集体行动、搭便车理论与形式社会学方法》,《社会学研究》第1期。
赵东海、唐晓岚(2006):《挑战中国人的传统思维》,哈尔滨出版社。
赵语惠(2006):《公共危机管理中的非政府组织参与研究》,郑州大学硕士学位论文。
郑伯埙(1995):《差序格局与华人组织行为》,《本土心理学研究》(台北)第3期。
——(1990):《海峡两岸组织文化之比较研究》,载郑伯埙、黄国隆、郭建志:《海峡两岸之企业文化》,远流出版公司。
——(1991):《家族主义与领导行为研究》,载杨中芳、高尚仁:《中国人·中国心——人格与社会篇》,台湾远流出版公司。
郑也夫、彭泗清(2003):《中国社会中的信任》,中国城市出版社。

钟永平(2002):《华人家族企业管理模式及其文化基础研究》,暨南大学博士学位论文。

周波(2005):《城市空间的历史演变》,四川大学博士学位论文。

周昌忠(2000):《中国传统文化的现代性转型》,上海三联书店。

周蕾(2005):《公共与私人之间——公共伦理与私人伦理及其相互关系研究》,曲阜师范大学硕士学位论文。

周晓丽(2005):《论公共行政中的公民参与》,《中共长春市委党校学报》第6期。

周秀芹(2006):《城市社区居民参与的动力分析》,《哈尔滨市委党校学报》第3期。

周燕(2007):《社会性别视角下的女性社区参与——对城乡社区对比考察》,浙江大学硕士学位论文。

朱健刚(1997):《城市街区的权力变迁:强国家与强社会模式——对一个街区权力结构的分析》,《战略与管理》第4期。

朱瑞玲(1994):《中国人的慈善观念》,载杨国枢:《中国人的心理与行为:文化、教化与病理篇》,桂冠图书股份有限公司。

佐斌(2002):《中国人的关系取向:概念及其测量》,《华中师范大学学报(人文社科版)》第1期。

佐伯茂雄著、郭祖仪译(1985):《现代心理学概论》,陕西师范大学出版社。

Baston, C. D., 1991. *The Altruism Question: Toward a Social-psychological Answer* Hillsdale, N. J: Lawrence Erlbaum Associates.

Brint, S., 2001. "Gemeinschaft revisited: Acritique and Reconstruction of the Community Concept", *Sociological Theory*, 19, 1: 8 – 8.

Garrett Hardin, 1968. "The Tragedy of the Commons", *Science*, Dec. 2. Vol. 168, 1244.

Gore, Al, 1996. *The Best Kept Secrets in Government*, Washington D. C.: USGPO.

Habermas, Jurgen, 1984. *The Theory of Communicative Active*, Vol. 1, Beacon Press.

Hamilton, 1963. *The Evolution of Altruistic Behavior*, American Natrulist, 97.

MacIver, Robert M., 1917, *Community: a Sociological Study*, London: Macmillan and Co., Limited.

Olson, Mancur, 1965. *The Logic of Collective Action*, Cambridge, MA.

Pierre, J., 1995. The Marketization of the Station, D. J. Savoie and B. G. Peters (eds), *Governancen a Changing Environment*, Montreal: McGill/Queens University Press.

Parson, T., 1951. *Social Systems*, New York: Free Press.

Sampson, 1988. "The debate on individualism: Indigenous psychologies of the individual and their role in personal and societal functioning," *American Psychologists*.

Weber, M., 1947. *The Theory of Social and Ecomomic Organization*, New York: Free Press.

Wolfgang Mommsen, 1974. *The Age of Bereaicracy: Perspectives on the Political Socialogy of Max Weber*, Oxford: Blackwell.